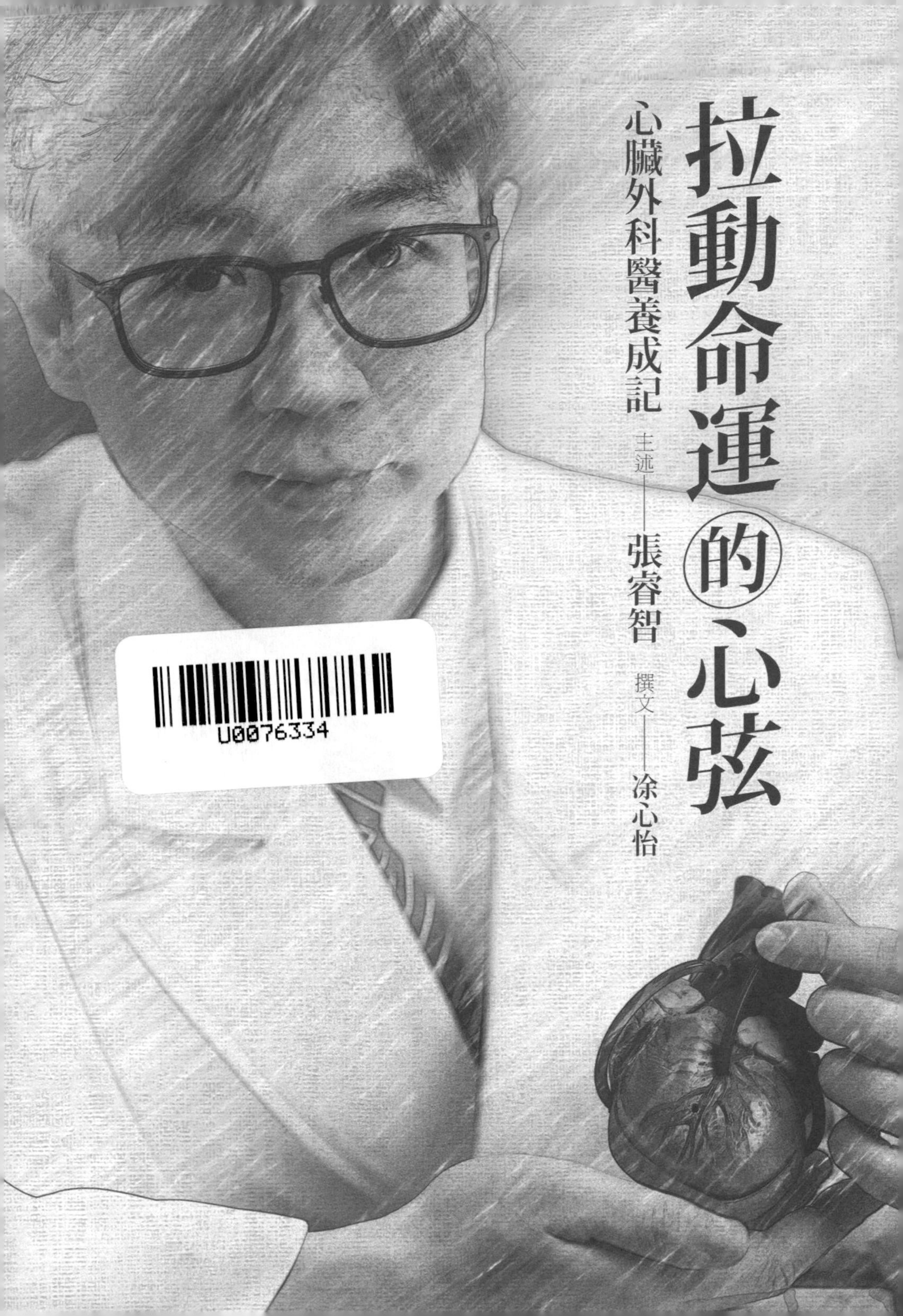

拉動命運的心弦

心臟外科醫養成記

主述——張睿智
撰文——涂心怡

作者簡介

主述 張睿智

臺灣宜蘭人，慈濟大學第二屆畢業生、美國杜克大學博士

- 花蓮慈濟醫學中心外科部主任
- 臺灣胸腔及心臟血管外科學會（TATCS）副祕書長（第十七屆）
- 臺灣血管外科學會（TSVS）常務理事（第八屆）
- 臺灣體外維生系統學會（TWECMO2S）常務理事（第二屆）

曾經在青春期迷失人生的方向，差點放棄自我；做好準備去蹲重考班時，意外推甄上夢寐以求的醫學系。醫學系畢業後靠著手術刀走跳生活，在劃開與縫補間，延長生命的刻度，同時也找到終生志願與自我價值。現今在心臟外科扮演承先啟後的角色，並致力大體模擬手術教學，期許能將曾經的受惠分享出去。

撰文 凃心怡

臺南市北門區人，一個連魚的品種都張冠李戴的漁村女兒。傳播系畢業之後開始靠著一支筆走跳生活，著有《彩虹上的鑽石——南非》、《落地生根 否極泰來》、《來自非洲的33封信》、《盤山過嶺——林欣榮教授創新之路》、《能醒．能走——林欣榮教授的腦醫學救命筆記》。

在一次美麗的意外中，栽入童言童語的寫作世界，著有《元氣早餐店》、《童話大師的故事》、《爐火婆婆的美味食堂》、《哎唷！我的耳朵好痛！》、《小心！讓意外少傷害》；書寫童書的同時，也看見心中那不曾消失的漁村小女孩。

推薦序

讓你的後輩踩著你的肩、越過你的頭向上

／李明亮（前衛生署長、慈濟大學創校校長）

我認識小睿是這麼開始的——

一九九三年，慈濟醫學院在我眼前如堆樂高般地逐步完成，我們以聯考為大宗開始招募學生。推薦甄試名額不多，但我們在面試上，費盡心思。

面試那一天，我們幾個甄試老師分坐在不同的辦公室，接見有心想就讀慈大的孩子。結束所有面試後，顧不得疲憊，幾位面試官聚集討論；來面試的孩子都讓我們留下深刻的印象，小睿就是當年的其中一位。

小睿的高中成績、推薦甄試成績在所有來面試的學生中僅排名中段；若只看分數，並不突出。可是，在與他面談的過程中，直覺不斷告訴我，小睿很適合當醫生，

因為他的心既柔軟又堅強。當一位醫生最重要的其實是心：一顆對醫學有堅定熱情的心，對病人要有愛心；若兩者皆無，很少有人能撐得下去。

因此，當我取得最終通過名單並看見他的名字時，我滿懷著欣喜，就著他面試資料上留下的電話撥過去，我想親自告訴他：「不要再害怕了，你過關了。」

他曾說，我那通電話鼓舞了他，不只一時，而是一生。聽到這句話，我由衷感到欣慰。

二〇〇〇年我離開慈濟之後，有好多年沒見到小睿。偶爾到週末，小睿就得從花蓮搭乘火車再轉搭高鐵南下進行他的創新研發；未來希望能如願，但也可能走不到盡頭。即使沒有成功的保證，他依舊每隔數週就辛勤往返；若非有相當衝勁，再加上一點自信的驅使，是無法堅持的。

現在的他，不僅在心臟外科領域表現出色，甚至還取得美國杜克大學博士學位。我在歡喜之中，不由得回想起面試時端坐在我面前的小睿。

甫接下慈濟醫學院校長一職時，我就告訴自己，校長室的門永遠要為學生敞開。除非有會議或是接待客人，其餘時間，他們都能自由地進出校長室，輕鬆自在地坐下來和我聊上幾句話。有無數個接近午夜的夜晚，我仍在校長室裡；學生路過看見，拎著宵夜就走進來與我共享……我的期許只有一項：倘若我只有一句話能夠鼓勵到他們，成為影響他們人生的重要因素之一，那也足矣。

學校成立不久，我就希望學校能有一個樂團；並告訴學生，希望能在未來慈濟大學成立一百週年的慶祝會上可以演奏貝多芬的《D小調第九號交響曲「合唱」》。我深知這是相當艱鉅的工程，身為樂團成員之一的小睿卻默默地將之記在心頭。

不久前，我將書房裡所有蒐集來的樂譜取出，用了一些時間與精神重新整理。這些樂譜，在現代只要動動手指頭，就能輕易地在網路上搜尋到；但在我那個年代，不僅得費盡心思、四處奔波，還要再加上一點運氣才能取得。因此，幾次搬家，這些珍貴的樂譜不曾被我遺忘、捨棄或轉送，跟著我一處一處地落地生根。

隨著歲月流逝，紙頁的邊緣開始泛黃，就像我那大不如前的視力以及漸漸失去力氣的手臂；那把曾經能讓我靜下心沉澱的大提琴，早已閒置多年。我無數次地問自己，這些樂譜還能跟著我多久？哪天隨著我肉體的離去，這些樂譜也終將成為廢紙。思來想去，這些樂譜最好的歸屬，就是交給小睿了。未來，我想請他路過臺北時過來跟我拿，並謹慎地交代他，許久以後的未來，他若不再需要，就妥善地轉交給慈濟大學圖書館，供大學的樂團使用。

去年中秋節，小睿得了空來臺北家中小聚。我們閒話家常，聊起音樂、聊起醫學，也聊起過往，他又再一次誠摯地向我表達感謝。我只是笑了笑，要他繼續努力，要老老實實、一步一步地走，千萬別想著要抄捷徑。人生的路一定是坎坎坷坷的，唯有直視失敗，方能成為大人物。

我在劍橋的恩師曾說過一句話，影響我大半生。他是這麼說的：「Error is essential.」意思是，失敗不是因你特別笨，也不是老天對你特別壞；失敗是本質，沒遇到可能是你繞過了它。如果碰到了，也不要害怕；最重要的是，哭一哭再爬起來繼續往前走。

本書結構非常有趣。小睿將他至目前的求學及行醫生涯予以直白的階段性回顧，並交織著他的興趣——古典音樂——之歷史進行敘述，很有創意，可喜可嘉。

早年當我在美國當教授的時候，曾有一位臺灣去的學子在學成準備回臺之際，特別來向我道謝。當時我告訴他：「你沒有欠我什麼，但你欠你的後輩。我讓你踩在我的肩上、頭上過去；你未來該做的，是讓你的後輩踩在你的肩上、頭上過去。」

所以我也想告訴小睿：與其向我道謝，不如就讓你的後輩踩在你的肩膀、越過你的頭頂向上而去。好嗎？

推薦序

不斷創新的「標準」心臟外科醫！

／魏峥（振興醫院院長）

醫師的養成，大多都是在院內以師徒制方式教育成就；然而，不得不承認，其中仍有不足之處。尤其在心臟手術方面，在面臨關鍵致命的動作時，往往都得訓練多年、謹慎評估後才能放手讓學生上手術檯執刀。

「教授，可以請您來幫大家上課嗎？」幾年前，張睿智醫師打了一通電話給我，誠摯邀約我前往花蓮參加大體模擬手術課程。他說，為了讓年輕醫生學習微創手術的技巧，因此想結合花蓮慈濟醫院、慈濟大學以及心臟血管外科醫學會的資源，舉辦大體模擬手術，並邀請資深醫師在大體老師身上進行教學。

儘管院務繁忙，但我毫不猶豫就答應了他。

我們只能仰賴時間讓年輕醫師的訓練變得更充實，但張睿智醫師勇於突破，期待以教育課程補足，讓年輕醫師得以透過在大體老師身上學習累積經驗；資深醫師也能在示範教學下，讓技術經驗得以傳承。

要辦這麼一場活動，必須花費相當龐雜的心思與時間才能圓滿成就。他不僅積極參與、年年舉辦，至今已經來到第五屆，對於臺灣心臟外科的技術進步與人才培育，發揮提升的成效。

醫學進步的腳步始終未曾停歇。訓練自己的目的，並非是為了醫師個人的名譽與利益，而是讓病人得到更好的醫療品質；然而，一個人的力量畢竟有限，團隊的結合才能讓治療更為周全。因此，我們都期待，能有更多實力堅強的醫師孕育、成長。

一直以來，投入心臟外科的醫生並不多；深究其緣由，想投入的人並不少，但打退堂鼓的也很多。在這一行，不僅疲憊、壓力大，報酬也不高；若論收穫，或許就是將病人從死神身邊拉回的成就感吧！

我常告訴學生，要當一名外科醫師必須要有創新的思維；倘若始終都是按照別人告訴你的做，進步就會相當有限。創新與開發是外科醫師進步的驅動力，這也是我在張睿智醫師身上看見的特點。

例如，他曾試圖解決鈦金屬人工血管接環所可能導致的血栓問題。

以前，主動脈剝離的患者在經過手術之後，死亡率仍高達三成。二〇〇五年，我開發出用於主動脈剝離治療的鈦金屬人工血管接環；這是臺灣首件通過美國食品藥物管理局（FDA）核可的植入性心臟醫療器材，可大幅提高主動脈剝離手術的成功率。

在面對主動脈剝離的手術時，心臟外科醫師從前會用一段人工血管，置換該段內膜破裂的主動脈；但往往因為病人主動脈組織脆弱，即使費心縫合仍常會撕裂開來。此外，在過程中必須暫停心臟血液循環；若縫合速度不夠快，就可能導致腦部缺氧而變成植物人。

鈦金屬人工血管接環僅需以綁帶固定，無須縫合；組織不僅不易撕裂，也加快了手術的進度。因此，在問世之後，廣為國內心臟外科醫師使用。

有一天，我和張睿智醫師在某一個場合上相遇。在會議的空檔，他向我走來，告訴我他是鈦金屬人工血管接環的愛用者，隨即又補上一句：「教授，關於鈦金屬人工血管接環，我覺得還有可以改進的地方。」當時，鈦金屬人工血管接環在使用上，偶爾會有血栓產生的問題，我們始終無法突破；張睿智醫師告訴我，他研究了好一陣子，發現只要在接法上做些改變，就可以大幅降低血栓的發生機率。

我仔細聆聽，腦中開始勾織想像，心裡更是讚歎不已。這個問題我也糾結多時，卻遲遲找不到好方法，想不到竟被自己的「學弟」給發現了！

結識他已經數年，除了同為心臟外科醫師這層緣分之外，他也是我的學弟張比嵩醫師的學生。對於「學弟」的勇於挑戰，並積極想出創新的方法解決問題，符合了我對其他學弟「青出於藍而勝於藍」的要求；不僅不覺得被冒犯，反而深感欣慰。

我常告訴那些已經當上主治醫師多年的學生：「你們現在跟我們這些老師學的不是技術，而是精神，技術方面必須要超越我們才行。」我不怕被學生趕上，否則醫學怎麼能進步？

看著眼前的張睿智醫師，我笑了；他不僅不保守、不膽小，而且也夠積極。在這個分秒必爭的行業裡，是位標準的心臟外科醫師！

主述者序

感恩我生命轉捩點的每一位貴人

當無菌布單覆蓋上去，我的眼裡就只有組織與傷口；腦中雖然精密地運算手術步驟，雙手也不曾停歇，但內心卻很平靜，甚至忘了自己與這位病人的連結。手術結束後，我告訴他手術過程中內心的真實感受；有些惱怒自己竟如此冷酷無情，但他卻露出笑容，直說：「很好。」

傷口的主人，是我的爸爸；因為心律不整，必須裝置心臟節律器。

手術結束之後，我擔心地問他：「會不會痛？」

他告訴我：「不會。」

我不死心地再問：「需要吃止痛藥嗎？」

他鎮定地說：「不用。」

我皺起眉嚷著：「你可別因為我是你兒子就逞強說不會痛，怕人家說你兒子技術不好！會痛要說，不要硬撐，有止痛藥可以吃。」

他笑了，再次跟我保證他真的不會痛。

這已經是十幾年前的事情了，當時我才剛升上主治醫師不過一年，並且在美國的實驗室想方設法地要擠進博士班。因為父親需要安裝心臟節律器，所以請假回臺灣；心臟內科謝仁哲醫師先巧手替父親植入電極，再由我切開傷口放入節律器。

今年四月，爸爸的心臟節律器必須更換電池；這檯刀由我安排、也由我操刀。手術前，他將家裡穿來的衣服脫去，換上醫院的病人服，頭上還戴著青綠色的網帽。我不急著為他執刀，反而領著他先看了看手術的所在——內外科高階整合手術室，這是我這幾年致力執行的規劃案；我希望讓他知道，在醫院裡除了看病、開刀，他的兒子還忙了些什麼。

曾幾何時，他這個差點考不上大學的兒子，如今竟然是一名能握著手術刀、從容地替他動手術的外科醫生了。

很多時候，其實連我自己都覺得不可思議。

回想起小學的時候，我就讀於一個非都會區的學校，在沒有太多競爭的環境裡，很容易就能取得名列前茅的成績。在那個分數就是一切的年代，我幾乎拿下了每一次模範生的選拔，除了六年級那一次。

那天公布獲選名單，由校長親自把全校模範生的桂冠戴在我最要好的朋友頭上。雖然沒當選模範生，但我卻比以往都來得興奮，因為他是我最要好的朋友；而且，身為臺灣平劇比賽第一名的他，可謂實至名歸。

那天放學，老師把我留下來，在所有同學都離開之後，語氣輕柔地安慰我，希望我不要喪氣，他也覺得很可惜並不是我。

這是我首次意識到名聲這件事情，只是那時我並不在乎。直到高中一年級下學期我從資優預備班被踢了出去，我才發現，原來我是在乎的；只是，我追求的不是名聲，而是自尊。

當自尊被摧毀之後，我再也抬不起頭。

高中時期，我過得非常不快樂；除了自信不再，生與死的問題更一直在我的內心徘徊。我無法專注在學業，生死的困惑與對於人生的迷惘，幾乎占滿我的思緒；只是，那時的我沒有足夠的經驗與智慧去面對，導致成績每況愈下，惡毒的字眼更不斷從我嘴中冒出，只想用自己對人生的憤怒來引起父母的注意。那時候的我肯定傷透了爸媽的心。

有一次，脖子後出現一塊連我自己都不知道在哪裡磕碰而成的瘀青，媽媽質問我是不是跟人家打架，憤怒的我口不擇言地回嘴：「妳怎麼不說是被砂石車撞到的？」

砂石車是媽媽一輩子的痛，更是我們家最禁忌的話題；因為，二舅舅在我進高中前的暑假開車與砂石車對撞，當場殞命的回憶太過傷痛。媽媽聽我這麼回，沒有憤怒，只能任悲傷的淚水不斷流下，她甚至沒有力氣罵我，也無法再與我對話。我傷她之重，不只這一次，類似的對話在高二、高三經常發生。

進入慈濟大學醫學系是我人生的轉捩點。

以高三那種成績與模擬考的表現，能上大學就要偷笑了；即使拚了命再重考三次、五次，我應該也進不了醫科。慈濟大學醫學系肯收我當學生，是我人生最重要的轉折。

推甄後接到李明亮校長的電話，我的心就被收買了；怎麼可能有一位校長，還是一位大學校長，接連打了三通電話來——一通給宜蘭高中校長、一通給我的父母、一通給我，只為了向未來的學生道賀，只為了叮嚀我必須在入學之前做好充實自己的各種準備。而入學之後，校長室大門也總是敞開著歡迎我們進入。

大學時期，兩位懿德媽媽——羅美珠媽媽與林庭君媽媽、慈誠爸爸陳英和榮譽院長，以及張憲生組導師都不時關心我們。其他的老師，像是著名的「慈濟三雄」——方菊雄、陳紀雄與邱鐵雄教授，以及黃森芳教授、賴其萬教授、陳幸一教授、葉思芳教授、曾應龍教授、許永祥教授等，也如同長輩或父兄般地對待我們。在他們的引領下，我開始參與醫學、理解醫學。

影響我人生最重大的，無非就是「無語良師」康爺爺一家。康爺爺在世的時候我不認識他，但因為他與家人的大愛，讓我在他的身上盡情地學習；也因為康阿姨與康叔叔們的描述，我更了解康爺爺的理念。當時我既驚訝又感佩，怎麼會有人捐出自己的身體讓我們開膛剖肚？又是何等大愛，讓他的兒女願意將自己父親的身軀交給陌生又沒經驗的醫學生，任他們在父親身上劃上千百刀？

我也感恩證嚴上人，因為他建立了慈濟世界，繼而有了醫療志業，並為了醫護人員的培育進而創辦了慈濟技術學院與慈濟大學。我想告訴師公：「謝謝師公上人，讓我有書讀，讓我有醫生可以當。」

日子一天天地過去，我不僅為我的爸爸開刀，也為病患動過一檯又一檯艱鉅的手術。身為一名心臟外科醫師，或許我已然成熟獨立，但仍必須不斷學習，日子過得既充實又忙碌。

「出一本關於你怎麼變成心臟外科醫師的書，如何？」第一次聽到慈濟基金會王端正副總執行長提出如此建議時，我微微回以一笑，卻沒有認真的放在心上；當時我認為，這或許是閒聊之餘所提出的想法，也或許只是客套話。

對於一位心臟外科醫師而言，我的資歷淺薄，出書的念頭實在離我太過遙遠，也是一個不敢妄想的奢望。

幾週後，我再一次碰到王副總，他知道我不太願意，於是改以另一個方式問我：「你要不要以一個慈濟大學畢業生的角度，談談在慈大接受到什麼樣的教育、後來又怎麼立定志向走大家不想去的心臟外科，藉此給學弟妹們一點鼓勵？」

見我的表情似乎有些心動，王副總不給我思慮與反悔的時間，馬上就說：「我幫你聯絡好了，下週我就請記者心怡來花蓮訪問你！」

雖然過程似是被半強迫，但我確實有些改變心意；倒不是內心的虛榮心作祟，而是自己能當醫生，全是因為慈濟大學醫學系肯收容我；因此，只要是以「慈濟大學」為名的邀約，我幾乎不會拒絕。畢竟，學校對我有恩，更何況王副總還是當年推甄面試的第二位考官，是讓我能當醫生的重要貴人，豈容我有拒絕之理？

在外科式微的這幾年，總有學弟妹們會問：「當初你為什麼要選擇心臟外科？」也會問：「在醫療糾紛頻傳、醫病關係緊張的現在，為什麼你還是這麼拚命？」如此提問，總讓我難以一語道盡；這本書的內容，或許可以幫我解答一些。

另一方面，這段出書歷程也是一把協助自己與不堪過往和解的鑰匙。藉由與執筆記者談起往事，再透過她的文筆書寫成冊，在細讀校對文稿的過程中，一次次地打開我的心門：那不願回憶的高中生活、處處碰壁且挫折不斷的美國求學過程，以及那些沒能救起來的病人……記憶一幕接著一幕重新浮現在我面前，讓我數次在電腦前痛苦地淚流不止，甚至忍不住放聲大哭。這些人生走過、經歷過的故事，藉由出書的機會，讓我再一次地省思，也深刻地體悟到：自己既然因為好運氣才能成為心臟外科醫師，更應該全心奉獻自己。或許，我最後還是沒有辦法開智慧、理解生死；對於生與死的解答，卻能夠更靠近一步。

最後，我由衷地感恩心臟胸腔外科兩位恩師——趙盛豐主任與張比嵩主任的教導，讓我得以成為獨當一面的醫師。另外，我非常感謝鄭伊佐醫師擔任我婚禮的伴郎，並在我出國進修的五年間撐起花蓮慈濟醫院心臟胸腔外科；以及我的好學妹劉穎醫師，在我剛從美國回來的時候陪伴我，協助我度過離開臨床多年的焦慮與惶恐，並鼓勵我保持樂觀的生活態度。

在此，我要特別謝謝為本書執筆凃心怡小姐，她同時也是我慈濟大學的學妹。為了配合我的時間，多次往返花蓮，還訪問了我的長輩、老師與朋友們，甚至越洋訪問我的乾媽，將這本書寫得這麼生動，並忍受我多次的修改。

這本書能夠得到我人生的典範與偶像——李明亮前署長與魏崢院長為我寫推薦序，是我畢生的光榮。期許自己能努力不懈，以求達到他們百分之一的成就；亦會秉持他們的教導，發願自己做為基石，讓同儕與後進踏在我的肩上成就卓越。

張睿智 於二〇二一年八月

後敘：

特別感謝在一刷出版後，獲得師長與親友們的肯定與鼓勵，不僅以實際購書行動支持，也專注埋首字裡行間，找出其中誤植之處，協助再刷出版更臻完美。

再次感恩。

張睿智 於二〇二一年十月

目錄

第二樂章：原來醫學系不好混

第三樂章：沒學好可是會死人的

第四樂章：仍在匍匐前進中

第一樂章

老天給了我一張樂透

麵店阿姨先來說幾句話——

「喔！這可憐又窮困的孩子。」

我們認識那一年他才幾歲？大概是高中二年級的年紀吧！模樣瘦瘦弱弱的，臉蛋清秀，身上的襯衫永遠維持清潔整齊的模樣，每次總是騎著一輛腳踏車來到我家的小麵店門口，仔細穩妥地將腳踏車停好後，才走進來，禮貌地跟我們點點頭。

他幾乎每天都來，來了就點一碗滷肉飯，再加一碗貢丸湯。我家麵店主打貢丸自製，來的客人幾乎都要點上一碗；但像他這樣每天放學就來報到、每次點的菜色永遠都是一碗滷肉飯跟一碗貢丸湯的客人，別無二人。

有一天，這孩子一樣來了又走。看著他騎腳踏車離去的背影，我的媽媽嘆了口氣，對我說：「麗芬啊，這孩子家境似乎不是很好。」

這家店是我弟弟負責的，偶爾我會過去幫忙；我們的老媽媽也幾乎天天坐鎮，還在品項不多的菜單上添上她最擅長的炒米粉，相當受喜愛古早味的老饕歡迎。某天，她開口向我提起這孩子；我才知道，默默留意著他的人，原來不只我。

隔一天，這孩子幾乎又分秒不差地準時來我家麵店報到，他說他要一碗滷肉飯跟一碗貢丸湯。

點餐內容一樣，我們送上的餐點卻悄悄有了變化，那天，我自作主張地幫他加了更多的飯，然後看他一口接一口把所有食物吃完，付了跟昨天、前天、以前過往每一天一樣的錢，然後騎上他的腳踏車，乘著黃昏夕陽，帶著一身閃亮回去。

再隔一天，我除了加飯，還從老滷鍋裡撈了一顆滷蛋給他，他似乎有點訝異，但還是默默地將加倍份量的滷肉飯、滷蛋以及貢丸湯一口口地吃完。

他離開時，我跟母親說：「這孩子真是可憐，每次來就點一樣的東西，看他正值青春期，這麼一點食物那裡吃得飽？你看我幫他加了那麼多，他還是一口不剩地吃光光，唉……真是太可憐了。」

他日日來，天天報到，有時候晚來個幾分鐘，我們全家人就守在麵攤前，互相問著：「阿智今天是怎麼了？不來了嗎？」

我們一家人都喜歡他，隨著他每天來也開始有點餐之外的對談，媽媽好喜歡他，有次還唐突地問他：「阿智，你以後不要太早結婚喔！你麗芬阿姨有個女兒，以後就嫁給你好不好？」

「阿媽，你太誇張了啦！」阿智聽了哇哇大叫，我在一旁也跟著搭腔，畢竟我的女兒也不過才四歲！

有天我問他：「阿智，你也快要高三了，有想好以後要往那方面走嗎？」這個問題來得突然，但他似乎不是沒做好準備，只是要開口的模樣很是掙扎。好一會兒才先要我答應他一件事，「我說了……不知道你會不會笑我？」

「哪會！有夢最美！」「我想當醫生。」

「那有什麼問題！只要你努力，下定了決心，就往這方向走。」當時我在鼓勵他的時候，他心裡想必五味雜陳，到很後來我才知道，原來他成績並不是很好。

在他高中還沒畢業之前，我們把麵店收了，也沒機會再見到阿智了；有時候全家人聚在一起，話題中仍有他。兩三年後，母親因為癌症在六十七歲那一年驟然離世，告別式上我似乎看見了阿智的身影，但悲痛欲絕淹沒了我，我不知道那是幻影還是真實，也沒想著要去求證。

幾年又過去了，我還記得那是過年期間，正當我跟家人在打牌時，電話鈴聲響起，當時我正拿著一支牌，打算收著。電話那頭確認我的身分之後，開心地說：「阿姨，我是小睿，張睿智，以前我常在麵店吃晚餐，你們那時候都叫我阿智！」

這一聲久違的「阿姨」，這一聲最意想不到的自我介紹，我開心大叫，手上的牌乘著尖叫聲丟了出去；這一丟，牌桌上的家人們興奮大叫：「麗芬放槍！她打牌從沒輸過，沒想到會有這一天！」

大家笑得好開心，我也笑得嘴都裂開了，邊笑邊哭，那是名為「開心」的眼淚。寒暄幾句之後我才知道，原來我大哥跟小睿的母親是同事，在同一所學校服務。幾天後，我跟阿智相約見面吃飯，他還帶著爸爸媽媽一起來；聊沒多久，我差點要自己挖個地洞鑽下去。

原來阿智的父母都是老師！老師的家庭怎麼可能窮苦落魄？

但我最終還是挺住了，很堅持地把那一頓飯吃完；這也才知道，阿智終於圓滿所願，考上了醫學系，現在已經是一名獨當一面的主治醫師了。

——至今回想起當年自顧自的內心小劇場，仍想鑽到地洞去躲起來的麵店阿姨麗芬

一之一——你是被鬼附身了嗎？

殘忍的一條線，直直地貫穿整個螢幕，也劃開了所有人原本還存有的希望泡泡。如果放任不管，短短三到五分鐘內，手術檯上的這個病人就會被死神接走。

三到五分鐘，大約是一首歌的時間，我連在心裡吶喊著「不會吧」的哀嘆都沒時間了。眼下消毒工作才正進行到一半，即使那條直線驟然出現，也沒讓所有人手上的動作停下；他們的耳朵向著我，正在等我做出決定。

科幻片的條列式字體在我眼前閃閃發亮——主動脈剝離造成「心包膜」填塞，心臟與心包膜之間快速累積血液，導致心臟備受壓迫而無法跳動。

眼下我有兩條路可以選擇，其中之一是手疊手地快速按壓心臟，讓心臟恢復跳動，輸送血液避免腦死。

「但心臟跳回來了又怎樣？」我深知，心包膜與心臟中的血液若沒有釋放，壓力還是在，重新跳動的心臟更不會大方地給我任何鋸開胸骨以及切開心包膜釋放壓力的機會，很快就會被再次禁錮而動彈不得。

我閉上眼，把第一個選擇無情地刪去。

第二個選擇幾乎是在瞬間跳了出來——把握腦部缺氧的黃金等待期間，只要在這個期間內，把胸骨鋸開、心包膜劃開，血一噴出來，心臟八成就會跳了；若不跳，我也能採直球對決的方式，直接伸手進去按摩心臟。

我的心偏向第二個選項，選項旁卻警鈴大作、閃著紅燈，只差沒再額外標示空洞雙眼的骷髏頭下面交叉著兩根骨頭，提醒我這個選擇的風險有多高；因為，腦部缺氧黃金時間僅三到五分鐘，意味著我得在三分鐘內就得完成「劃開皮膚、鋸開胸骨、切開心包膜」等動作。

但我幾乎沒有猶豫，即使這是一場與時間拚搏的豪賭。

還在一邊消毒的時候，我手上的刀緊跟著消毒棉花後頭走；待開口夠大了，再接過助手早已經準備好的鋸刀，喀噠、喀噠地用十五秒將胸骨鋸開，緊接著拿起手術刀，準確無誤、深淺一致地將心包膜劃開。

大量的血朝著我噴過來，又快又急又狠、但我沒被嚇得反射性閉上雙眼，反而更專注地緊盯著；隨著血液的釋放，那個鼓起的血色球體緩緩地開始跳動。

前前後後共三分鐘，已經有一半被收到死神手上的性命，就在三分鐘內硬生生地讓我們給拉了回來，而且沒有支離破碎。

這是一場非常成功的手術。然而，我卻沒有半點興奮；因為，乘載著過勞靈魂的這副皮囊早已筋疲力竭。

這檯刀啟動是在禮拜二的深夜近十二點；將時間往回推至禮拜天，我不是在診間、就是在手術檯上，幾乎沒有休息，遑論睡眠。長時間的疲憊已經無法讓我走路平穩，好幾度顛簸得幾乎跌倒。

這是接連第三檯主動脈剝離手術……還是第四檯？雖是短短幾天內的事情，但我已經累得像是被抽去靈魂。

禮拜三凌晨四點，患者的生命跡象已經穩定，我把最後的縫合工作交給學弟後，踏出手術室向等待的家屬報告手術情形。

那是患者的太太，焦急萬分。依照一般程序，我理應先向她說明手術方向再進手術室執刀；但當時狀況危急，只好在手術結束之後向她報告。

「妳好，我是心臟外科醫師張睿智。妳先生的手術很順利。」我花了點時間解釋手術情形，也試圖盡力地加點安心的勸慰在話語中；累得快閉上雙眼時，才不得不抱歉地對她說：「很抱歉，我都沒有睡覺；如果可以，請讓我回去休息一下……」

我已經記不起家屬目送我離去的表情了。直到隔天患者清醒、幾次查房熟悉之後，家屬才不好意思地告訴我：「當時你跟我講完話之後，我根本無法放心！你一副要死不活的樣子，看起來又很年輕，不知道行不行。」

家屬對我的形容，讓我想起十九世紀的小提琴大師帕格尼尼（Niccolò Paganini，1782-1840）。他的作品相當優美動聽，且據聞他一秒可以拉出十八個音符，技法靈活又新穎；其著名的「二十四首隨想曲」，更被後代小提琴家譽為一生必須要挑戰的經典曲目之一。

帕格尼尼留著一頭又長又亂的頭髮，且身形纖細、臉色總是蒼白憔悴；在演奏的時候，站姿搖晃，直至高潮迭起之際還會大翻白眼。因此，有一流傳後世的傳聞：帕格尼尼之所以擁有如此高超的拉琴技巧，是因為他把靈魂賣給了魔鬼。

我想，我在當時的形象肯定像極了帕格尼尼，蒼白憔悴、一副快要暈厥的模樣……

所幸，我沒有帕格尼尼的黑色幽默。據說，帕格尼尼在即將走向生命盡頭時，一位神父問他：「你的琴裡面究竟藏著什麼祕密？否則，你怎麼能有如此出神入化的小提琴技巧？」

帕格尼尼牽動他蒼白的嘴角，瀕死的笑容有著一股邪魅，他說：「我的琴裡面藏著魔鬼。」

這句話嚇壞了沒有一絲幽默感的神父與主教，帕格尼尼的喪禮甚至因此不得舉行，也不得下葬；更不可思議的是，這句話造成的影響長達三十多年之久。最後，在帕格尼尼的兒子四處奔走且支付一筆龐大的費用之後，這名鬼才小提琴家才得以入土為安。

因此，當家屬問我：「你怎麼可以在那麼緊急的狀況下做出這個決定？並且在三分鐘內就做那麼多事情？」我不敢讓自己像帕格尼尼那樣幽默；畢竟，三十多年的代價太長；而且，之於訓練有素的心臟外科醫師而言，能做出相同決定且相同速度的醫師，我不會是唯一一位。

正考慮著如何回應，家屬又緊接著問：「聽說你連續好幾天沒睡覺，幫我先生開刀開到最後，手還抽筋，你真拚命啊！」

聽了，我不由得笑了；這句話，好回答多了。

「很多人會問我為什麼要這麼拚，其實理由很簡單。」此時此刻我的神情絕對真誠；但是，接下來我要說出口的話，許多人聽了都不相信。「因為，能當醫生這件事情，對我來說是撿到的。高中時的我，不要說國立大學，甚至還可能去蹲重考補習班。」

又來了！又是一個意料之中的懷疑神情。但我並不放在心上，也不特別解釋；畢竟，那段人生，連我自己都想深埋地底，或隨著風吹日晒，蒸發到永遠都看不見也摸不著的地方去……

＊＊＊

故事要從我的高中時代說起。

我在一個競爭並不激烈的鄉鎮出生、成長，因此成績理所當然的好；至少，這樣的好光景在國中以前還風光明媚。

升高中那年，教育部開始推行免試升學試辦，我甚至還是宜蘭縣免試升學第一名，是全縣唯一一個滿級分五分的學生，無論德、智、體、群、美都是五分的孩子。

「張睿智憑什麼？」

似乎好像有同學這麼不服氣地說。我看著自己的成績單，一一省思，得滿級分似乎也不過分。

我的雙親的是老師，家教嚴謹；德育五分，合理。

以考試成績看來，智育五分，合理。

我擅長打羽毛球，體育五分，合理。

在課堂上我擔任小老師，也時常得替老師跑跑腿；群育五分，合理。

至於美，說不上全班最頂尖，排名前五也是有；五分，不算過分。

那年我被允許不必進入聯考的殿堂就能直升宜蘭第一志願宜蘭高中；雖然因為某些原因仍報名高中聯合招生考試，考試分數依然達標，甚至還被分配至宜蘭高中資優預備班。但是，那個時候的我還不知道，我那名為「成績優秀」的人生，會在此畫下句點。

在資優預備班時，我們的數學老師一向喜歡學生對他提問。我記得，那天我是第三個舉手發問的人。

上上一題舉手發問的人，得到老師點頭肯定，直說：「這問題問得很好，滿有深度的。」

以宜蘭縣免試升學第一名的成績畢業於中華國中，爸媽也開心地來參加畢業典禮。

上一題提問的人，老師也鼓勵地笑回：「舉一反三，不錯。」

緊接著，老師開啟了另一個新題目，那是一個深奧難解的數學題，我完全聽不懂，我相信班上能聽懂的人應該也不多。於是，我搶在大家之前舉起了手，說：「老師，我聽不懂，可以請你再講一次嗎？」

這一次，老師卻不再和藹可親；他拉長了臉，搖頭嘆氣，把到嘴邊的話硬生生地吞了下去，才不耐地重新講解。但我深信，他當時臉上的神情若能化成文字，那會是明明朗朗、斗大的「怎麼會有你這麼笨的學生！」

這也許是一記警鐘，提醒我並不屬於這個高材生專屬的班級。果不其然，在一年級上學期結束後，我被踢出了資優預備班。

一年級上學期結束之前，學校舉辦了資優班的數學與物理考試，搭配智力測驗與高一上學期的成績，決定哪些學生得以進入正式的資優班。果然，資優班考試放榜的時候，我的名字被寫在錄取名單之外；我往前幾名看，也看到了好朋友的名字。我找到了他，大吐苦水：「資優考試的時候大家爭先恐後跑進去，我還想說他們跑什麼，還在後面慢慢走，原來已經開始計時了！」

其實，我心知肚明，真有實力的人，根本不差那一兩分鐘，但推卸責任是解釋自己無能的最佳出口。我興奮地說著，好朋友卻沒有給予相同的熱情回應；漸漸地，我才察覺自己似乎搞錯了什麼……

原來，他的名字雖然就寫在我前面幾位，但那是在合格線之內。

「恭喜你啊！」我的祝福絕對誠心，但尷尬就像是在炎熱的朝會時間，一腳不小心踩在蟻窩上卻不得動彈，任由紅蟻一路沿著小腿往上爬，又啃又咬。

我已經忘了那時候怎麼跟他揮手道別，卻絕對認清了自己不是一位資優生的事實。這個打擊完全擊沉了當時那名脆弱的高中生，自此功課一落千丈，直到高中三年級都不見沉船浮起。

當時，我不僅功課極差，連眼神裡都寫滿了憂鬱。我媽事後回想，還曾笑話著對我坦承：「老實說，我那時還一度懷疑你是不是被鬼附身了呢！」

只可惜，當時的我並不是帕格尼尼，魔鬼並沒有給我拆解深奧數學題的技巧，也沒有藏在我拿來考試的２Ｂ鉛筆裡。對於即將到來的大學聯考，除非奇蹟發生，否則我註定得拿著私立大學、甚至是重考班的入場券走向未來人生。

心臟小學堂：

心包膜

在心臟的外面，有兩層心包膜保護著它。兩層心包膜間稱之為心包膜腔，裡面約有二十至三十毫升的液體，即心包膜液；心包膜液提供潤滑與保護的作用，避免心臟遭受撞擊而受到傷害，同時也減少心臟在跳動時所產生的摩擦。

心包膜雖然非常硬，但也具有彈性；若液體慢慢增加，可以逐步撐大；不過，若一下子增加太多液體，就會讓腔內的壓力升高，造成心臟會因此連跳動的空間也沒有，導致心跳停止的風險。這也就是所謂的「心包膜填塞」。

一之二——國父？總統？還是當醫生吧！

高中時期的回憶，讓我的心情如同挪威畫家孟克（Edvard Munch，1863-1944）的著名畫作「吶喊」一般，隨之嘶喊、扭曲……很多時候，我選擇讓自己的回想就此停步，不願再逼自己回憶那段慘烈的青春。

但是，在那個最不忍回憶的傷心年代，還是有著最溫暖厚實的安慰。

「張睿智，你完蛋了！你以前告訴我你都沒在念書，我還不相信。」說話的人，是我國小同學金良，他也是我人生中最好的朋友之一，直至今日。高三那年，為了衝刺聯考，他跑來找我一起讀書；才沒幾天，他就開始數落我的不求上進；「我現在才知道，你是真的沒在讀書！」

我轉著手上的原子筆，一點也不在乎多年好哥兒們的笑話；「我以前就跟你說我沒在讀書，你還說我是騙子，我就真的沒在讀啊！」

「你這樣真的不行啦！」他念念叨叨的模樣像個望子成龍的老媽子，一路說著某某同學成績有多優秀，怪不得我總考不贏對方。而我看著他，雖然不語，但心裡也是無限感慨。

原本，金良是不必跟著我們這群無一技傍身的高中生一起衝進聯考這個大鍋爐的。

想起以前，我常陪著他到學校後頭吊嗓子，陪著他去參加平劇（又稱國劇、京劇）比賽；他在臺上發光發熱，我在臺下加油打氣。金良有著與生俱來的平劇資質與天分，國小的時候拿下全國第一，國中依舊不讓賢，當時的他前程似錦。

「你要不要跟我一起讀宜蘭高中？」升高中那年，我問他要不要跟我一起讀同一所學校，他斷然拒絕了我。他說，他的父母已經幫他報名某一間商職；那所被定調為平劇重點栽培學校的商職，為了招攬他入學，開出了無限美好的條件：保證在日後升學時，一定保送他進入藝術大學就讀。

看著眼前還在叨念著我不用功讀書、擔心我考不上大學的他，我心裡明白，正在煩惱著我的他，不也正在為自己茫茫的前途迷惘？高二即將升高三那時，政治風向大轉彎；突然之間，平劇不再被抬拱，歌仔戲才是明日之星；而像金良這樣自小被栽培為平劇明日之星的孩子，也被硬生生地拆毀人生舞臺。當年學校承諾的保送

與林金良的緣分打從國小開始，至今不輟；直至今日，無論是生活中或是心靈上，他依然是最支持我的好友。

沒有白紙黑字，一蓋牌，說沒有就沒有。逼得他只好開始埋入課業，希望用自己的學業成績替未來拚出一條康莊大道。

我將回憶斷然抽回，再睜開眼，我已經回到了自己專有的辦公室裡，身上還披著沒來得及脫下的醫師長袍，長袍上隱約傳來適才在病房裡的藥水味。我撫著自己的左胸口，安慰著因為回憶而惶惶不安的心，告訴自己，我現在已經是一名主治醫師了，別怕、別怕。

然而，心跳沉靜之後，再次跳動仍是惋惜的頻率。

金良不是，他的人生就從那時候起一路岔到底；他不但失去了原本光輝美好的平劇人生，甚至在當年原住民身分享受眾多福利制度的當口，擁有一半原民血統的他沒有毅然選擇從母姓，因此錯失了許多升學加分的機會。現在，他是一名木工師傅，靠著雙手技藝賺取一家子的溫飽無憂；然而，卻養不起他內心曾有的想望與夢想中的未來，那副好嗓子就此失去了被聆聽的舞臺。

「有時候想起來，覺得……」偶爾我們見了面，再談起這個話題，他的抱怨也僅只到此。他沒有辜負那曾經是全國第一名的好嗓子，正向取代嘆息，他臉上笑容真誠，說著自己如今靠著一雙手、一身技藝，在木工領域中追求技術與興趣，闖出兒時從未想像過的人生。

有時他也會分享自己的設計，望向那些作品的熱情，與他當年上臺比賽的眼神一模一樣。

我不由得想起歷史上最有名的巴洛克音樂作曲家韋瓦第（Antonio Lucio Vivaldi，1678-1741）。擅長協奏曲、聖歌以及歌劇等曲目創作的他，在譜寫出《四季》之後一度登上人生巔峰。當時的法王路易十五特別喜歡〈春〉，不僅曾下令宮廷樂團必須每天以出其不意的方式演奏這首曲子，甚至還曾帶領貴族成員，親自指揮演出！

當時的韋瓦第可謂風光，路易十五與神聖羅馬帝國查理六世都曾邀他作曲；此時，誰都想不到他的晚景竟會走入淒涼。他的晚年作曲風格，從巴洛克轉成優雅取向，世人並不能接受，一向呵護他的國王們也陸續死去，韋瓦第因此陷入悲苦交加。離世的葬禮相當寒酸，只有六位唱詩班的小男孩們以歌聲送行。

際遇，就像一瓢在戶外的水，隨著變幻莫測的天氣，人們只能無助地任由它蒸騰或結凍。

* * *

比起金良那被無情斷送的前程，我倒是像個拿起剪刀自毀前程的孩子。自從被踢出資優班之後，我的功課一落千丈，始終不見起色。很多人，一如金良，以為我放棄了前途；但是，其實我心裡從小就埋下了一個遠大的夢想；只是，隨著成績表現愈來愈糟，這個夢想逐漸被我推入心底。

直到那天，常去的那間麵店阿姨問起我，我才告訴她，其實我想當醫生。

起初會去那間麵店，是同學邀我去的。學校放學之後，在補習班開始之前，我們一群人常約去吃晚餐後再去補習班報到。當時那間麵店才剛開，同學約著要去吃，我下意識就說不要：「今天我比較想吃燒餅。」

但最後多數決，我還是跟著大家一起去吃麵。一到麵店，除了我們這張桌子，沒別的客人，其他桌子乾乾淨淨的，連個殘羹飯粒都沒有；「可見，在我們來之前也沒什麼客人光顧吧？」我自顧自地想。

我點了一碗滷肉飯跟一碗貢丸湯。看著麵店裡的人為了我們這一桌忙上忙下，惻隱之心悄悄地在我心裡湧出。

「開這種小麵店的人一定很苦很窮吧？」我在心中嘆口氣地想著，生意這般不好，這家人該如何生活下去？我一個學生能幫上什麼忙？頂多就是每天光顧，讓他們有點收入吧！

從此之後，我幾乎每日報到，有一兩次甚至還帶全班同學一起光顧；每次去，我固定點上一碗滷肉飯跟一碗貢丸湯。一天、兩天、三天，一個禮拜之後，同學終於受不了了，他們約著去其他店吃飯，我還是執著地往麵店去，也跟麵店的一家大小漸漸熟悉。不知道是不是因為每天報到的關係，他們開始幫我的滷肉飯加大份量、多加滷蛋，份量常多到我吃不完；但我還是會勉強鬆開褲頭，把眼前的食物清空，就因為一份尊重。

有別於家人與朋友叫我「小睿」，他們習慣叫我「阿智」。

有一天，麵店的麗芬阿姨問我：「阿智，你也快要高三了，有想好以後要往哪方面走嗎？」

我眨眨眼，一時之間不知道該如何回應這個突如其來的問句，但腦中已經開始浮現畫面——

小時候生病的時候，當護士的大姑姑會幫我打針，並告訴爸媽可以怎麼幫我退燒；那專業的形象，好美。住家對面的鄰居潘仁進叔叔，不僅長得高大帥氣，還有一副醫者仁心；時任宜蘭仁愛醫院院長的他，是我們全家醫療最好的依靠。而因為車禍而突然過世的外公，本業是教育局督學；他過世之後，媽媽告訴我，其實外公更想當醫生；只不過，因家境不好，只好走往公費的教育路。

從小爸媽告訴我，最偉大的人是國父，可惜國父只能有一個；那麼，當總統也行，只不過難度似乎過高。啊！當醫生也是令人崇拜的……或許以後當個醫生也不錯！

我的物理跟化學都不算突出，在高中選擇類組時，我卻選了第三類組。別人問起，我總不正經地笑鬧著說：「選第三類組才『划算』啊！」

因為，第二類組與第三類組同樣都要讀數學、物理與化學，第三類組則要多讀生物。我揣想著，萬一物理沒考好，還可以考第四類組的學校；也就是說，讀第三類組，在大學聯考時可以跨第二類組與跨第四類組選學校。

我雖說得頭頭是道，唯有自己明白，小心機只是在為自己築起一道自以為安全的防護網；也唯有自己明白，要考醫學系，就得進第三類組。但是，這個想法，不能說、也不敢說。

因此，麗芬阿姨的問題雖然來得突然，但答案早已在我心底放了許多年；只是，以我現在的成績，要說出這個答案得要有不顧顏面的勇氣。我怕麗芬阿姨笑我，但爽快的她不覺有任何不妥，直說著有夢最美，我這才小聲地告訴她：「我想當醫生。」

麗芬阿姨笑了，那個笑一如以往的爽朗與真誠，她鼓勵我：「只要你下定決心，就努力往這方向走！」

我沒再答腔，隨著每一口滷肉飯跟貢丸湯吞下的，只有無限苦楚。麗芬阿姨不知道我的成績有多差，也不知道我再放任這樣的爛成績不管，真的很有可能會去蹲重考補習班！

變幻莫測的人生氣象，有人一路向晴，有人狂風暴雨；若說金良是晴時多雲，我可能就是那個萬中選一的撥雲見日。際遇，沒有選上金良，卻向我伸出友善的雙手。

有別於過往的高中學生只有大學聯考一試定生死，我們這一屆學生正值推薦甄試推行第二年。推薦甄試分兩關，第一關看的是學測成績，第二關則是面試；也就是說，成績不再是全然的評斷依據。

我雖然放縱自己一蹶不振，卻也在心裡設下一道停損點；因此，當推薦甄試的機會來臨時，我選擇緊抓不放。一如當年韋瓦第在窮困潦倒之際，懷著期待前往維也納準備投靠賞識他的國王查理六世——雖然這個故事的結局是悲傷的。

據聞，當他終於抵達維也納時，查理六世卻因為食物中毒而投入天主的懷抱。因此，這名曾經風光的一代作曲大師，又度過一年慘淡的人生歲月之後，抑鬱而終。

我的結局，是不是會跟韋瓦第一樣慘淡、飄零？很有可能。我只能虔誠祈禱，人生中的查理六世還在那裡等著我。

心臟小學堂：

心跳

胎兒在母親的子宮裡時，心臟就已經開始在跳動；直到生命殞落，才終於得以停下休息。

心臟的跳動，來自於右心房後壁的竇房結，這裡有一群能產生電流的神經元。電力雖然微小，卻能迅速地傳送到心房中膈的房室結，再按照順序傳達到心臟的各部位，讓心肌細胞得以收縮與舒張，形成規律的跳動。

一之三——醫學系？想都別想了

布拉姆斯（Johannes Brahms，1833-1897）是浪漫主義時期的德國作曲家，死後被葬於維也納的中央公墓，跟一代大師貝多芬、舒伯特並排，由此可知他的才華多麼深受重視。

這位作曲家最廣為流傳的創作故事，就在於他的謹慎；如果用更通俗的現代說法，那就是「龜毛」無比！為求完美，布拉姆斯會將作品一改再改，甚至改到跟原本的曲譜完全不一樣；最著名的例子，莫過於他的《第一號交響曲》，這部交響曲前後總共改了二十一年，布拉姆斯才滿意並公開發表。

布拉姆斯除了修改認為不好的地方之外，甚至會把不滿意的作品或是修改前的樂譜全數丟棄，這也讓後世研究他的學者難以找到任何遺存的蛛絲馬跡以詮釋他的作曲脈絡。

如果可能，我也想跟布拉姆斯一樣，把我推薦甄試時那場面試的過程，用盡全力地大力修正！

那場面試，是慈濟大學醫學系。

起初，我不是學校被派出甄試慈大醫學系的第一人選；一來，我的學測成績僅勉強達到應試的基準值；再者，排在我前面的還有兩位成績頂尖優秀的同學。幸運的是，學校考慮他們的升學能量可以甄試上排名更前面的醫學系，我這才有機會以遞補的身分到慈大醫學系參加面試。

雖然握有入場券，我卻沒能拿到「展場簡介」。

慈大醫學系在當時才創系剛邁入第二年；相對於臺灣其他醫學系所，不僅年輕也尚未打開知名度，因此沒有太多資訊釋出，能參考的訊息相當珍稀。再者，我們家熟識的親友也沒有慈濟志工，因此對於慈濟我幾乎是一無所知。

確定得到面試機會的那天，我拉開書桌抽屜，翻翻找找，終於在深處抽出那一本輕薄的《靜思語》；這是國中老師送我們的，但我始終沒有認真地將它讀完。

「慈濟的創立者是證嚴法師，他領著一群苦行僧在花蓮安身；他們不接受供養，用自己做手工所賺取的微薄收入幫助窮苦的家庭度過難關，甚至還在當地籌建一所醫院。」老師當時送我們《靜思語》時所說的這段話，成為我腦中對慈濟少得可憐的資訊之一。

其實，選填慈大醫學系，一來是因為國中老師送的這本《靜思語》，知道有這麼一個組織；再者，慈濟大學就在花蓮，而花蓮這個地方乘載著我許多童年記憶的悲傷喜樂。但要說老實話，其實是：放眼望去，所有釋出推薦甄試名額的醫學系，慈濟醫學系推甄所選擇要看的成績選項僅有國文、數學跟英文，正巧我這三科成績還能端出見人！

前往面試之前，理應該有所準備；但是，一個學生能有多少人脈？推薦甄試也才施行第二年，而慈濟醫學系則是第一次開放推甄，沒有太多學長姊能給我更多面試答問的技巧提示。因此，當時大多是父母在為我奔走，試圖找出更多訊息充實我對慈濟的了解。

第一個伸出援手的，是鄰居潘仁進醫師。他是一名行醫多年的小兒科醫師，雖然對慈濟不熟，但對於醫學系的面試可能會提出的問題，還能指引出方向；「現在最夯的題目就是全民健保，明年就要實施了，或許會問你對全民健保的看法吧！你有空就去了解一下全民健保的制度。」

媽媽接著又聯絡上她在加拿大的一位好友；她在當地參與慈濟行善腳步多年，聽到我要去甄試慈大醫學系，熱心地提出意見：「慈濟是一個救人的團體；因此，如果面試官問你，當醫生是要『看病』還是要『看病人』，你一定要回答是『看病人』。」

雖然媽媽的好友說，這個問題的答案十之八九是「看病人」，但我骨子裡還有著青春期的叛逆；倘若我自己都不認同這個說法，即使這個答案有可能讓我加足分數，我也說不出口。一如布拉姆斯對於自己作品的潔癖程度，若非完全深得己心，絕不對外發表。

反覆思索幾天之後，我最終同意了這個阿姨的說法。

面試那一日很快就來了；窗外晴空朗朗，我內心卻惴惴不安。

第一關，三位教授端正排排坐在我面前。首先給了一段英文，要我即時翻譯；我認為自己的表現並不好，與許多單字度過幾秒鐘尷尬的面面相覷。緊接著，第二位教授開口提問：「你有看課外讀物嗎？」

多麼簡單的一個問題，又是多麼殘酷的一句問話！我忍著內心的吶喊：「我現在光是煩惱人生未來都煩不完了，哪裡還想要去看課外讀物啊！」但我盡可能鎮靜地據實回答：「我沒有看很多課外讀物，只看了幾本。」

我說出幾本課外讀物的書名後，幾名教授臉上浮現不甚滿意的神情；這些表情，我不陌生，因此也絕不會錯認。

這下可好，第一關，糟糕透頂。

面試第二關，我們被帶往主任祕書辦公室。一進去，只有一個人坐在那兒，笑臉盈盈地自我介紹，說他的名字叫王端正，是慈濟基金會的副總執行長。

他沒有提出任何專業上的測試題目；但之後我再回想，他的測驗其實相當內斂。

他先是問：「你對穿制服有什麼看法？」

這個問題完全不在我的準備之中；更不知道，慈濟大學原來是一所要穿制服上課的學校。

面對這個問題，我下意識地低頭看著自己的一身行頭，不知哪裡來的勇氣，雙手往膝蓋一按，站起身來，原地三百六十度緩緩地轉了一圈，再次面對王副總站定之後，以肯定的語氣告訴他：「我今天穿的是宜蘭高中的制服，我覺得很好看，也覺得穿制服很好；一來，不用想著今天要穿什麼衣服去上學；再者，大家都穿一樣，沒有階級分別。」

他又問：「那你認為，當醫生是要看病，還是看病人？」

雖然早有準備，但聽到他真的問出這個問題，心中難掩驚訝。我當然告訴他自己想了好幾天才得出的答案：「要看病人。」

他點點頭，那是一個睿智成熟的大人才能有的表現——不動聲色。他要我坐下來，而我完全無法揣測他究竟對我剛才的回答，究竟反應是喜、是樂還是憂？

直到我被允許離開那間辦公室時，我的心情已經盪到谷底，踩出去的每一腳步都伴隨著一句又一句對自己的破口大罵：「張睿智你是笨蛋嗎？為什麼要說喜歡穿制服？說不定人家會覺得你這個學生沒有創造力！大學生應該都要追求自由奔放啊！你、這、個、笨、蛋！」

至於看病是要「看人」還是「看病」，說不定正確答案其實是「看病」？醫療本來就是為了治病，沒有病怎麼醫？所以，我的答案可能也不是最正確的。

這下可好，第二關，丟臉到家。

來到第三關，面試官也只有一個人。他說，他是這所大學的校長，名叫李明亮。

他翻了我準備面試資料時附上的自傳，眼神不禁一亮，抬起頭來就問：「你會拉小提琴？」

「是。」又是一個我壓根兒都沒準備的問題。但面試是不給等待時間的，我的回覆應當即時，只能據實回答：「小學就開始練小提琴了；到國中三年級時，因為要面臨高中升學，課業壓力比較重，所以就沒練了。」

我以為話題到此為止，畢竟小提琴跟醫學系根本摸不著邊；李明亮校長卻又接著問：「還記得你最後拉到哪首曲子嗎？」

這個問題我想了一下，但時間沒有拖很久：「布魯赫的《小提琴協奏曲》。」

《小提琴協奏曲》是布魯赫（Max Christian Friedrich Bruch）的代表作，也是代表浪漫主義作品的小提琴協奏曲之一。據說，布魯赫跟布拉姆斯有位共同好友，是一位小提琴家，名為姚阿欣（Joachim），這兩位大師在寫小提琴協奏曲的時候，常常都會向姚阿欣請益；布魯赫在創作《小提琴協奏曲》時，姚阿欣就提供了不少的意見。

學音樂的人大概都能以學習的樂曲來粗估一個人的琴藝程度；布魯赫的《小提琴協奏曲》相對是比較難的表演曲目，我沒敢跟校長承認，這首曲子我拉得並不好。在我猶豫要不要坦承之前，他就笑盈盈地搶著回應我：「很好！有機會還是要繼續練琴，好嗎？」之後，就把話題轉往其他方向。

我堅信，這只是一個緩和氣氛與情緒的開場白而已。

無論如何，這一關的表現，不盡理想。

布拉姆斯每次在作曲完成之後，就會將作品寄給他的朋友，請朋友發表評論，並且表示不准寫好話，愈是惡毒愈好，甚至還有一次在信上面提供了評論的範例——你可以寫：第五首，不好；第六首，也太丟臉了吧！怎麼會寫得那麼差；第七首，現在還有人會寫出這種曲子嗎？

我猜想，自己對這三關面試的自我評論，一定能深得布拉姆斯讚許；又或許，若能跨時空讓他看見我面試的表現，他會用更惡毒的話語把我再次擊倒在地，例如：怎麼會有那麼沒腦袋的考生啊！

布拉姆斯似乎不在乎心碎的感覺，但我不是。面試結束回到家之後，我唯一的手足、也就是我姊，問我：「怎樣？表現得如何？」

從回到家後，我從頭到尾都苦喪著一張臉，她怎會看不出來？只是為了避免讓空氣過於凝結，總得說些什麼讓彼此都能喘口氣，以免兩人都窒息。

「以後我大概就去讀工程吧……」我把頭埋在枕頭裡，恨不得把自己悶死；可惜棉花裡的空氣相當充足，甚至還有空隙得以說出點話來，那聲音就像一把音沒調好的低音提琴；「醫學系，我想都別想了！」

心臟小學堂：心碎症候群

心臟雖然不會碎裂，但「心碎」可不只是形容詞，而是真實存在；只是，發生的狀況不只局限於大悲大痛，在過度狂喜與驚喜的情況下也可能產生。

心碎症候群又稱「章魚壺心肌症」，當情緒過度刺激，左心室就會變大且變形，就像章魚壺；這時，心臟無法有效的推動血液，會令人感覺強烈胸痛、喘不過氣來，甚至有人因此猝死。

一之四——不在紅榜單上的名字

那是模擬考的最後一堂考試。我像個木偶似的，默無表情，正認命地試圖解開眼前文字中所埋藏的答案，也認命地當一隻急著要跳進聯考大鍋爐裡的小丑魚；即使我知道那鍋爐燒得更熱、正滾燙，再跳出來可能連魚皮都要被燙得掀開來。

但我又能如何？

一個月前，我就像個傻子似地在最重要的面試場合中，關關難過、關關不過。隨著推甄考試陸續放榜，學校貼出了一張張恭賀錄取的紅榜單。那一排紅紙並不多，因此沒有藉口漏看；上頭每一個名字都是別人的，每一份喜悅也都屬於別人；留給我的，只有懊悔。

我不是最後一個走出教室的學生，還有人正在緊抓著僅存的一點時間，彷彿多在教室熬上一分鐘，就能替考試卷上的數字添個十幾二十分；但我們都深知，最後得到的只有徒勞無功。就像是，如果再給我一次面試機會，我也一定沒有辦法表現得更為突出。

一個月了，我還在為那次的面試表現罵自己。

「張睿智、張睿智！」朝著我氣喘吁吁跑過來的，是我在班上交情頗好的朋友；我猜，他是不是要嚷著放學後一起去痛快地吃一頓？但隨著他跑得離我愈來愈近，他臉上閃著的興奮紅暈就愈來愈不像只是要來找我約一頓晚餐前的點心。

他跑到我身邊，抓著我手臂的力氣有點令人招架不住，說出口的話更讓我一時不知如何反應：「恭喜你！你考上了！」

「什麼考上了？」

「慈濟大學醫學系，你考上了！」

我呆愣了幾秒，再開口是否定：「不對啊！榜單上沒我的名字，我也沒收到錄取通知書。」

皺了皺眉，我將他推開：「你不要鬧我了，我自己知道我表現得很差。」

「真的啦！紅榜單沒貼出來，但消息應該是不會錯。」同學指著校園一隅，比畫著求證的路徑，「是教務處那裡傳出來的。」

我看了他一眼，半信半疑地將腳步轉了個方向，往教務處走去；我不敢走得太快，免得他看出我的期待，但我又不想走得過慢。此時此刻，求得一個肯定的答案，比剛剛那題我解不出來的數學題還要重要；畢竟，教務處裡的那個答案，攸關著我的未來。

我敲敲門，走了進去，說明來意，教務處的老師只是點點頭，給的答覆卻令人更摸不著頭緒：「其實我們也不是很清楚，但剛剛是校長親自來跟我們說的，應該沒錯……」

這種明明知道卻又不清楚的撲朔迷離，就好像是人人都能隨意哼上一兩小節〈結婚進行曲〉，若問起寫出這首曲子的作曲家是誰，卻甚少有人能回答得出來。〈結婚進行曲〉是為莎士比亞喜劇《仲夏夜之夢》所創作的序曲曲目之一，作曲家是孟德爾頌（Jakob Ludwig Felix Mendelssohn Bartholdy，1809-1847）。在他十七歲那年，因為讀到《仲夏夜之夢》的劇本深受感動譜寫而成，至今已經有百餘年的歷史。

孟德爾頌被譽為是古典音樂界最幸福的作曲家，源於他的名字 Felix 有「幸福」之意；此外，許多知名音樂家幾乎一生被貧窮糾纏，孟德爾頌則有個銀行家父親，從小不愁吃穿，不僅各科都有家教老師，還能留學外國。

十幾歲的時候，孟德爾頌的父親為他舉辦的家庭音樂會，邀請來的人幾乎都是當代說得出名號的知名藝文人士，可見其社經地位！不僅如此，他在十二歲的時候，還跟知名大文豪歌德（Johann Wolfgang von Goethe，1749-1832）成為莫逆之交呢！

孟德爾頌絕對稱得上是幸福的代言人！我卻像極了坐在他那座天秤另一端的倒楣鬼，連自己有沒有考上學校，都還得奔走大半個校園一一拼湊出答案。

我不知道上天為何要如此考驗我；只是，想知道自己究竟有沒有考上，非得弄得像一起懸案嗎？

離開教務處之後，我又走往校長室；校長正坐在他的辦公桌後方，埋首案桌上的卷宗，只露出一頭梳理整齊的髮絲，但我對他的臉可一點也不陌生。我是升旗典禮的司儀；在那個年代，學生司儀沒有使用麥克風，只能仰賴丹田的氣力逼自己的聲量傳遍偌大的室外會場；最後，我得大喊一聲「立正！」接著標準地後轉身，代表全校同學向校長敬禮。

每天，無論烈日或是陰雨，我都會領著全校學生向這位校長行禮。

我的一聲「報告」，讓寬闊的校長室響起了微微的回音，也讓校長抬起了頭。

「校長好！我是張睿智。」我急促地問：「教務處說，您跟他們說我考上了慈大醫學系，請問是真的嗎？」

校長沒有吊我胃口，幾乎是在短短一秒內就回答了我的提問；那時我才體悟到，原來短短一秒裡的情緒也能如此澎湃。

「對啊！慈濟大學的李明亮校長剛剛親自打電話告訴我，你考上他們學校的醫學系。」一校之長露出了笑容，這是他在朝會上甚少露出的表情。一直以來，他的表情都是殷切的，期勉我們能出人頭地；當時在我眼前的他，卻不像個嚴謹的教育家，反而更像一個和藹可親的鄰家長者。「恭喜你啊！」校長對我說。

我不知道是哪來的勇氣，推著我勇敢地質疑：「真的嗎？」

不，才不是勇氣，是傻氣。所幸，校長沒被這股傻氣打敗。他提高嘴角的上揚幅度，再一次開口，不囉嗦、不多言、不贅語，只是肯定地給我一個字：「對！」

＊＊＊

「我終於不用考聯考了！」我幾乎是踩著狂喜的腳步從校長室離開。此時此刻，不用考大學聯考的興奮猶如一道湧升的浪潮朝我襲來；我不閃不躲，張開手臂迎接它鋪天蓋地朝著我席捲。

但是，隨著距離教室愈來愈近，我用了極大的努力讓自己的情緒平靜下來。

「怎麼樣？校長怎麼說？」

朋友問我，急著想知道答案，我卻選擇讓他們失望；畢竟，沒有白紙黑字，空口說的話都還不能算數。一如隔著一層皮膚看來，手底下的血管是藍色的；若沒有解剖實證，又該如何說服人們血管內的血液大多都是紅色的？就算是靜脈，也是流著暗紅色的血液。要公告天下，也得紅榜單先貼出來再說。

回了一句不負責任的「不知道」後，我踩上了腳踏車，準備趕往補習班。

從補習班回到家時，天色已經暗了，我家的燈也是暗的。然而，走進家門換鞋時，我怎麼也不會錯過那張放在我拖鞋上的紙條。

紙條上是母親工整的字體。她是一位音樂老師，即使只是隨手寫的一張小紙條，用字仍然相當講究，紙條上只有幾行字，言簡意賅地寫著：「兒子，恭喜你考上慈濟大學醫學系，爸爸媽媽以你為榮。」

我在信箱裡、桌子上、家裡任何可能會放置信件的角落都沒看到錄取通知書後，不禁感到匪夷所思：「他們怎麼會知道我錄取了？」

等到他們回到家，雖然消除了我的疑惑，卻也帶給我更大的震驚。

「剛剛我們出門之前，李明亮校長有打電話過來，跟我們恭喜說你考上他們學校了。」考上醫學系這件事情，讓我媽的雙頰撲上一抹名為興奮的紅暈；她微微喘了口氣後，才又說：「校長知道你去補習，說等你補習回來會再打電話過來親自跟你通電話。」

我就這麼守在電話旁邊等著電話聲響起，就好像孟德爾頌在等待心儀女孩的回信，忐忑不安又滿懷期待。

據聞，孟德爾頌初見太太賽西兒時，幾乎是一見鍾情。為了確保自己不是一時被愛情沖昏了頭，他決定出外旅行一個月，藉由分別兩地確認自己心中的愛意是否真切；在旅行即將結束時，他很確定自己深愛著賽西兒，於是寫了封信給她，希望能在確認賽西兒的心意之後再向她求婚。在等待回信的那些日子裡，孟德爾頌內心忐忑不安又期待萬分。

我坐在市內電話旁的心情，大概就像孟德爾頌那般，等著慈濟大學校長打電話來；全身的脈搏之快，幾乎讓身下坐著的那張椅子隨之震動。

早已經忘了電話響了幾聲我才接起來，但電話那頭一聲「恭喜」，餘音繞梁。

「你好，我是李明亮，很高興你可以來我們學校讀書。」正當我還在思考，是不是所有甄試學校的通知錄取都這麼有誠意時，校長對我提出了三個最殷切的建議：

「從今天到開學之前還有大半年，我希望你可以做好三件事情。第一，是把英文學好；第二，我希望你可以去學電腦；第三，也是最重要、最重要的一件事情……」

我將脊椎拉直，肩膀往後縮，將胸口挺起，端端正正地聆聽校長緊接要道出的最重要的那件事情。

他用一句話就把他所謂「最重要的事情」講完後，又說了幾句恭喜，就把電話掛斷了，留下一臉疑惑的我。我把電話恭敬地掛上，忖度自己最後是不是聽錯了什麼……但無論如何，我確定錄取了！校長親自來電恭賀錄取，確切的程度當然不輸學校牆上那些紅得刺眼的紙！

此時此刻，我才真的露出了笑容。我真的考上醫學系了！誰能想像得到，我下午還覺得自己跟孟德爾頌各處天秤兩端、命運完全不同；眼下，我卻覺得自己就是孟德爾頌，是天底下最幸福的人！

心臟小學堂：血管的顏色

教科書上為了讓學生清楚分辨動脈與靜脈的差別，通常都會將動脈繪成紅色，靜脈則為藍色；不過，無論動脈或是靜脈，其實都是紅色的。伸出手臂細看皮膚底下的血管，只能見到一條條深淺不一的青藍色；這是因為，皮膚組織以及血液吸收了光線中的紅色波長，因此皮膚下的血管才會呈現藍色。可以說，這是因為光學而產生的錯覺。

一之五——小提琴的庇蔭

李明亮校長這通電話，完全征服了我的心。武俠小說中常言：「赴湯蹈火，在所不辭。」當下我完全可以領會其心情；這通電話，讓我認定，這一輩子就是他的人了，他說什麼我一定會毫無疏漏地比照辦理！

他在電話中提出了三個要求，一是把英文學好，再來就是要學電腦。這兩個要求當然是不成問題，學校針對我們這些推薦甄試通過、還有大半學期無所事事的學生，貼心地在正式課程外的第八節課安排了英文課與電腦課。

但校長的第三個要求，學校無法替我安排，我得自己想辦法。

「第三，也是最重要、最重要的一件事情……」一次又一次反覆回想揣摩他的語氣，我相信校長提出這個要求，沒有半絲玩笑，「你一定要繼續拉小提琴。」

雖然我們的通話沒有轉擴音，但話筒的溢聲效果顯然不錯，幾乎是貼著我坐在一旁的爸媽也聽到了。當我掛斷電話之後，媽媽忙不迭地翻起她的電話簿，搜尋以前曾來擔任我小提琴家教老師的電話號碼，準備請他再來重新惡補我中斷已久的小提琴。

考上醫學系這等好消息就像一道歡樂的湧泉，將每個人的心都沖上天，我們自顧自地浮在雲端享受天空的燦爛晴朗，卻沒有半點質疑；為什麼校長會要我繼續拉小提琴？

隔一天，小提琴家教老師就已經架好琴譜站在我的書房，那是學校要將長袖換成短袖的四月時節，一直到九月開學，小提琴的旋律都不曾遠離我們家。

「我知道你好幾年沒拉琴了，我們重新開始吧！」小提琴家教老師李順昌的髮型變了一些，但身形與笑容依舊帥氣。我不禁在眾多回憶中抽絲剝繭，我們相遇那時，我才幾歲？

印象依舊鮮明，那是我小學一年級即將升上二年級那一年，那時候我跟著媽媽學了兩年鋼琴，我對鋼琴的熱情不如姊姊來得熱切。後來，媽媽偶然在報紙上看到一則小提琴班招生的廣告，教琴的老師是享譽國際音樂家的父親；媽媽便拿著那一頁國語日報，熱切地問我：「你想學小提琴嗎？」

詢問，代表我有拒絕的轉圜餘地，不過我並不是德布西（Claude Debussy，

1862-1918）。

談起古典音樂界的音樂神童，最知名的莫過於莫札特；但最叛逆的神童，則非法國印象樂派的奠定者德布西莫屬。德布西在十歲的時候，就以優異的鋼琴琴藝獲准進入巴黎音樂學院。在踏入這個音樂界數一數二的最高殿堂時，他並不因此而戒慎惶恐，甚至還以叛逆聞名。

當時，有一位大名鼎鼎的老師要求他在作曲練習上為已經寫好的曲子進行變調，但德布西卻只是看了看曲子，一點動手的考慮都沒有，兩眼直盯著老師說：「我覺得現在的調子已經寫得很好了，為什麼還要變調？」

不僅如此，他甚至還跟所有曾當過學生的孩子一樣，替自己的老師取綽號，私下戲謔地稱這位老師是「變調機器」。

但我終究不是德布西，距離十歲不遠的我沒有他的早熟與叛逆，只是一個腦袋裡裝著玩樂、零嘴，沒有名為「自我想法」細胞的小孩，媽媽說什麼，點頭就是了。於是，兩個月的小提琴學習班就此展開。

初入課堂，媽媽口中那位名音樂家的父親在我眼裡看來，形象更像是校園裡在大樹間悠然打掃的工友伯伯；滿頭華髮下，一副百般無趣的方框眼鏡掛在老態的臉上。如今想起來，我還是會不可置信地跟媽媽說：「他怎麼可能是你說的那個人的爸爸？」

但不管時隔幾年，每次講起這個話題，她都堅信當初自己接收到的資訊毫無錯謬，而歲月長河也幾乎沖毀了為數不多的片段訊息，如今再也無法一一查證。然而，無論如何，能肯定的是，那兩個月我幾乎一無所獲。

我那小小的個頭埋在一群孩子中，照貓畫虎般地拉著曲不成曲、調不成調的旋律；面對這麼多孩子，老師根本無力一一指導。媽媽知道後，果斷地讓我離開那堂課，請來家教老師在家一對一教學。

李順昌老師就這樣出現在我的生命當中。只不過，當時的我們雖然沒說出口，但彼此心裡都明白，我對小提琴沒有足以化開一切障礙的甜蜜熱情，只能任由苦澀在每一回的練習時間裡不斷地令我皺起眉頭。

「我希望你們能夠培養對音樂的興趣。」媽媽是這麼說的。母親起初讓我接觸音樂的起心動念，不是為了讓我在這條路上一展長才；她的心願平凡且渺小，也自在地偉大，單純只是覺得讓孩子接觸音樂似乎也不錯。

「興趣」，根據教育部國語辭典上的解釋，應是「可以感到欣悅的趣味」；但

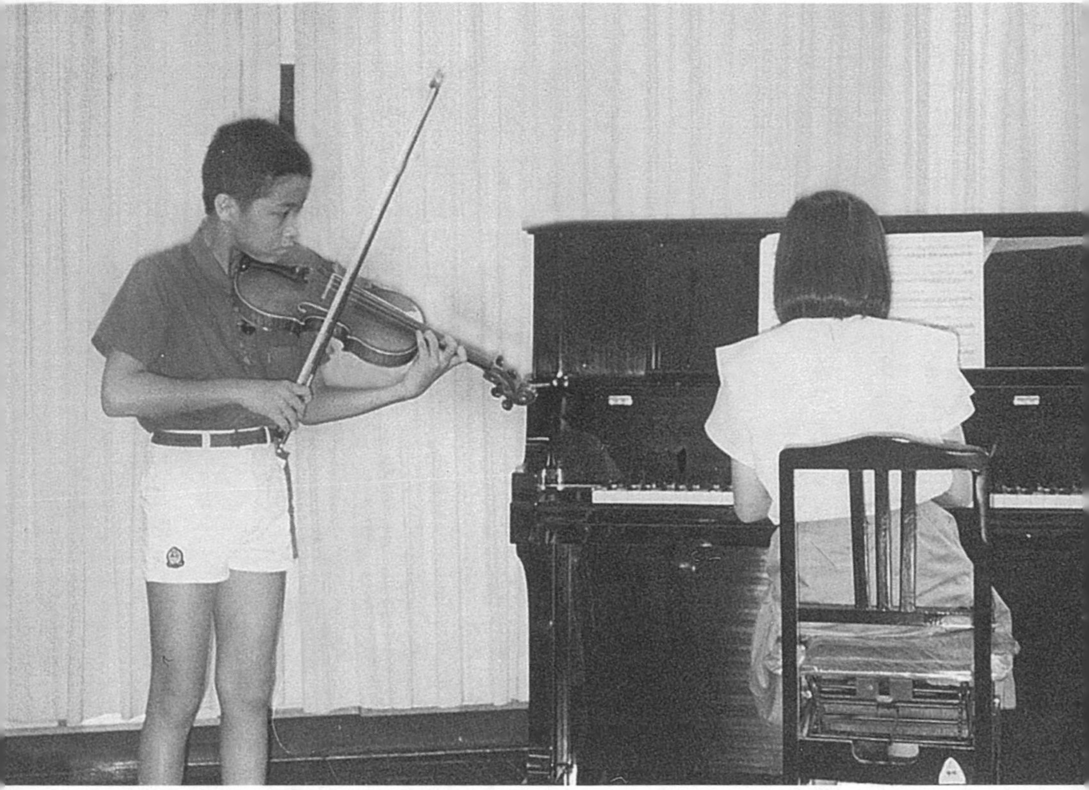

從小在媽媽的栽培下，小提琴成為我生活中的一部分，國中時期受邀參加小提琴家教老師的音樂發表會。

對當時的我而言，拉琴更像是索然無味、亟欲擺脫的回家功課。

每天在規定練習的時間裡，姊姊就必須坐在鋼琴前面，練習媽媽給她的樂譜；而我，則要拿起琴弓，奮力讓那幾根弦盡量產出好樂色。但若父母親都不在家的時候，我們姊弟倆就會自動給自己一段沒有終點的休息時間；直到聽到父親的摩托車聲遠遠傳來，再衝回琴邊，假裝始終都在認真練習。

但是，年幼的孩子哪裡能智取大人？父母早早就看破我們的小心眼，不動聲色地準備來一場大突擊！某天，父親遠遠就將摩托車熄火，輕踩著腳步，推著摩托車緩緩走回來；一開門，果然就逮到了兩個怠惰練琴的孩子。那一晚，我們家飄揚的不是琴聲，而是抑揚頓挫的一頓好罵。

＊＊＊

然而，就在即將升上高三那年，自覺自己一塌糊塗的成績要考上醫學系恐怕無望，於是徬徨地胡亂鑽出名為「理想」、實為妄想的未來：「既然當不成醫生，或許我可以當一名音樂家。」

不過，這個念頭，卻不被家人接受。

「音樂在臺灣是沒有辦法餬口的。」媽媽說這番話時，語氣雖是輕快，內容卻無法繪出一道好風景；「走音樂這條路，最終你也只能跟我一樣，成為一個音樂老師。」

我看著她，想著自己是一個音樂老師會是什麼樣子？閉上眼，我滿腦子的畫面，都是氣急敗壞的模樣。

媽媽在學校任教，在課餘也兼任鋼琴家教老師，每個沒課的週間下午或是週末，總有學生來家裡練琴。他們練琴的時候，也常是我偷閒午睡的時光，但他們彈琴的旋律時常讓我睡得不安穩。

「不是這樣彈的，好嗎？」雖然眼睛還是閉著的，但我心裡的隔空喊話卻沒有停過；「這裡要降記號啊！」「這邊是小調吧？你可不可以不要彈成大調！」「這裡明明是大調，你為什麼要降？」

我這些心裡話，幾乎在一秒不到的時間裡，就會化成媽媽的怒吼聲；堅信「嚴師出高徒」的她，「愛的教育」始終沒被寫入她的字典中。

可怕的是，學生如果彈不好，媽媽那天的心情就不會美麗，遭殃的就會是我們姊弟二人。姊姊聰明，常常在家教班還沒結束之前就藉口躲進房間裡了；唯有我還傻傻地在媽媽面前晃盪，等著媽媽下課後找些小事挑剔碎念。

只要她的學生那天表現不好，當天我就沒好日子過。

音樂在我的成長路上始終一路伴行。起初，我不曾正視過它們的美妙，直到高三那年，才在青少年滿腦子的陰鬱綠意中開花結果。我說我想當一名音樂家，領著我接觸音樂的父母卻不再支持。

小小年紀的我，深覺被父母背叛，一心只想做點事情氣他們，於是我開始學起德布西。德布西在進入巴黎音樂學院之後，始終挑戰著老師們的耐心；他不僅喜歡遲到，甚至還不依照老師的指示彈奏，經常演奏一些怪異的和弦以及沒有調性的曲子。

後來，老師在給他的學期評語上這麼說：「不喜歡鋼琴，卻愛好音樂。」

當時的我，十足地具體展現這句話的意境。

我開始彈鋼琴，彈的不是樂譜上優美的古典樂、傳承百年的雋永旋律，而是時下年輕人都能哼上幾句的流行歌曲《吻別》與《忘情水》。一個只有兩年鋼琴底子的人能彈出什麼好音色？尤其還自以為在彈奏爵士鋼琴，一會兒左手分解和弦，一會兒將曲子變調；聽在鑽研鋼琴的媽媽耳裡，可謂夢魘。但我堅持每天彈琴，就為了氣他們阻擋我的音樂夢。

「你不要再彈了！」

那一陣子，爸媽最常對我說的，不是「去念書」，而是禁止我翻開琴蓋。

人生總有轉圜，一如德布西原本是想成為一名職業的鋼琴演奏家，卻在一場比賽中，因為沒有得獎，因此漸漸放棄職業演奏家的美夢，轉而往作曲發展。而我，因為父母的反對，重回課業的懷抱；然後，像是中了樂透般，被通知甄試考上醫學系，未來將往醫學之路前行。

大學開學前的那幾個月，我拚了命地練習小提琴，重新把手感找回來，只為了李明亮校長的一句話：「你一定要繼續拉小提琴。」然而，我始終未曾探究這句話背後所蘊含的原因。

直到入學之後，李明亮校長邀我進入他所創立的社團，那是一個名為「半調子」的弦樂團。某次團練時，一個團員不經意地說出一段我入學前的故事——

當時，李明亮校長成立樂團才即將滿一年，樂團成員有慈濟醫院的醫師、慈濟大學教職員，還有零星的一些學生，人數並不多，樂團團名因此取為「半調子」。

校長自己在樂團裡擔任大提琴手，他的太太廖雅慧老師則是拉中提琴；好長一段時間，樂團裡的小提琴手並不足夠。

某一天，校長在團練前輕聲笑語地告訴廖老師：「雅慧啊，今年開學後，我們就會來一位小提琴首席嘍！」

聽到這個故事之後，我陷入沉思；畢竟，在我初入團時，就擔任小提琴首席的位置，莫非……

德布西後來功成名就，成為古典音樂界的一代作曲大師，正是憑藉著他的鋼琴底子，因此寫出許多雋永的鋼琴作品。而我呢？之所以得幸進入醫學系，有那麼個百分之一的或許；或許，不是因為我有實力。

或許……是因為我會拉小提琴？

第二樂章

原來醫學系不好混

大體老師家屬先來說幾句話——

「爸爸，如您所願，我們把您交給他們了。」

爸爸有那個念頭的時候，是民國六十四年。當時臺灣尚未解嚴，但他腦中的迴路，卻已經遠遠將該年代應有的思維拋到九霄雲外去。

「死後，我想把我的身體捐出去，給醫學生解剖。」

媽媽說，我一歲多的時候就能跟爸爸對上話；因此，他有什麼心裡話，也總是第一個告訴我。當他告訴我自己想當大體老師的念頭時，我才二十三歲，他也還不到垂垂老矣的年紀；死亡，距離我們還很遙遠。

我只是恭順地聽著，心中沒有名為「情緒」的漣漪。

他說，每到結婚周年紀念日那天前後，他跟母親都會選定臺灣一個景點，看花看草，望海觀山；倘若該景點讓夫妻倆意猶未盡，三五年後必定再訪。

「臺灣真的好美。」話鋒一轉，他嘆了口氣，說：「但有些地方，過幾年再訪，總會多出幾個墳頭。」

墳墓，讓風景不再永恆；飄揚在風中的除了依舊秀麗的景色，還多了些淒涼哀傷。他不禁感嘆地說：「為什麼人死了還要跟活人爭土地呢？」

他不願自己死後成為風景中讓人閉眼快速走過的一隅，因此開始閱覽報章雜誌，尋找各種資訊，就盼自己往生之後，這副無用的軀殼還能留給人世一些美麗有為的留存。

「你知道嗎？原本你爺爺也要我學醫，但我偏偏不從。」他的故事總是跳得很快；但只要仔細聆聽，前後是連貫的。

他說，從醫的爺爺希望自己一幫子女也能跟著他學醫。有一回，他提問：「當醫生有選擇病人的權利嗎？」

自小耳濡目染的孩子們，搖搖頭，肯定答不。

「沒錯，人不分貧富貴賤，只要有病人來，我們就要醫治他。」

爺爺的提問在此畫下句點，反而是父親舉手發問：「如果是一個強盜或是殺人犯來求助醫治，醫生能拒絕為他治療嗎？」

兒子這突如其來的醫問，讓他陷入長長的思考；最後，才擺脫掙扎地回答：

「醫生不能拒絕，還是得替他醫治，他的罪必須由法律來制裁。」

「既然如此，那我不要當醫生。」

爸爸說，他就這樣拒絕踏上從醫之路。直到他的小兒子、也就是我的小弟，被鋸子割斷左手腕動脈的那時候，學工程的他才開始對自己的志向產生動搖。

「你小弟的血當時一直從手腕湧出來。」他說，當時也沒想到要叫救護車，直覺就是帶著小兒子一路往醫院衝去；「闖了幾個紅燈，警察看到血一直濺出來，也沒攔住我們。」

到了醫院之後，小弟馬上被推進手術室進行血管縫合手術。幾天之後，在醫生的允許下出院，手腕的血卻依舊不斷滲出；「光是接個血管，你小弟就這樣進出醫院三次才搞定。」

陷入回憶中的爸爸，語氣裡的無奈大過於憤慨。他說，第二次進行手術後，小弟恢復意識時告訴他，在開刀房尚未陷入麻醉昏迷前，聽見醫師們的對話。當時幾位醫生在討論當學生時上大體解剖課時，面對大體老師的不足——

「你在學縫血管時，幾個人用一個大體老師？」

「二十幾個人。」

「我也相去不遠，大概十幾個人一起學。」

「怪不得他們縫血管的技術那麼差。」爸爸認為，在大體老師缺乏的醫學教育中，許多患者只能淪為經驗不夠豐富的醫師們刀下的實驗品，白白承受並拉長苦痛。他開始想，當年那個不願當醫生的自己，或許將來有一天能奉獻自己已抽乾靈魂的身軀，化作醫學生們刀下的經驗累積之一。

可是他不知道該怎麼捐，也不知道該捐到哪裡。於是，他寫了封信給當時他常常在聽的廣播電臺，問那位他覺得學識淵博的主持人：「請問您可知道死後若想將大體捐到醫學院，可以聯絡誰？」

但回信讓他失望；主持人告訴他，目前臺灣尚無自願捐贈大體的管道與相關資訊，很抱歉無法幫上他的忙。

那是民國六十五年，即使想捐也不知道該捐到哪；但是，他依舊沒有放棄成為「醫學生老師」的夢。

直到他罹患直腸癌末期時，慈濟醫學院成立，並宣導大體捐贈；雖然生命的燭火即將黯淡，他眼底的光卻開始閃耀。

他一天說服一個孩子。先從我說起，隔天再跟大姊說，再隔天跟小妹說，又過一天換跟小弟說，接著又輪到我，說的內容千篇一律——

「我的大限也差不多了；等我離開的時候，我要把我的身體捐到醫學院去，讓醫學生在解剖課時學習。」爸爸說著談著，甚至還不甘於此；「或許，到最後也能把我的骨頭捐出去做成標本，讓學生在課餘時間，也能來玩玩我的骨頭，算一算有幾節、掂一掂重量。」

沒有人願意支持他，就連與父親最親密的我也是。畢竟，沒有人願意讓自己最親愛的家人在死後被人當成「千刀萬剮」的實驗品；不捨，成為我們捍衛拒絕的理由。但父親始終鍥而不捨地試圖說服我們，每回談話的最後，一定是問：「我死了之後要捐大體的事情，你們幫我聯絡好了嗎？」

最後，我開始鼓起勇氣一通一通電話地打，打給臺灣每一所醫學院，但始終沒有獲得正面的回應。

「我們這學期已經結束了。如果你父親過世了，就先送到殯儀館，我們什麼時候要用了，再通知你，你再從殯儀館領出來送到我們這裡來。」

有時，得到的冷漠回應令我深感訝異。除此之外，還有人雖然沒明說，但語意隱隱約約譴責我是個不孝女……

後來，慈濟醫學院熱情回應，那已經是民國八十四年底的事情了。民國八十五年元宵節前一天，爸爸嚥下了最後一口氣，返回天家。

一年半後，我們被通知爸爸的大體即將被啟用。啟用的那天，信奉天主教的我們，帶著神父、修士以及聖友團，在花蓮慈濟醫學院的大體解剖教室中為他舉行了一場彌撒，之後才親手將爸爸交給小睿他們這一組學生，任他們切開他的皮肉、鋸開他的胸骨，得償父親所願。

「當我的身體捐成功之後，你們要常常去看看我，看看是什麼樣的腫瘤把我吃掉、將我打敗的。」

爸爸這句話，始終在我們幾個姊弟的心裡；幾乎每個禮拜，我們就會從高雄搭飛機到花蓮，跟這群孩子見見面，聊聊他們的學習。

第一眼看到他們四個孩子，我竟覺得有著手足般的連結！我知道，這四個孩子是爸爸親自挑選的；他選了這四個孩子，要讓他們完成他的終生大願。

——至今多年，仍感佩父親那跨世代艱難決定的康二阿姨

二之一——逐漸逝去的安可聲

在雙親家族中，我是第一個考上醫學系的孩子，一時之間造成不小的轟動。爸爸媽媽還特地在我開學前，先帶著我回到花蓮，到外公逝後常住的納骨塔前上香特告此事。

早逝的外婆是位老師，而外公則是一名督學，「教育」二字刻在他們的人生中，也印在我們後世晚輩的心底。但是，在外公的靈位前，媽媽卻告訴我，其實外公最想當的是醫生。

「只是他小時候家境不允許，因此才會選擇公費的教育路。」她點著香，虔誠低語。在隨風飄揚的銀白色帶狀煙霧中，我仍能清晰地看見媽媽嘴角帶著的那抹笑意；似乎我考上醫學院這等好消息，已然告慰外公地下之靈，即使他逝世已久。

爸爸也在笑，現場氣氛一片歡樂，甚至可以說得上溫馨。誰能想到，不過一年之前，我們三人只要同處在一個空間裡，就會跟彼此嘔氣，隨時都可能引發戰火；

理由是，因為他們不讓我往音樂這條路走。

如今想來，他們當初的堅持或許是對的；因為，如今我已經是一名握有醫學系門票的準醫學生了。

我站在那兒，看著父母在忙著點香祭拜，想起高中免試保送宜蘭高中那時，他們雖然歡喜，卻不若現在興奮；爸爸還鼓勵我，去試試高中聯考，證明自己的程度；「雖然保送意味著你不用考聯考，但你還是去考考看，看能考幾分？反正現在是雙軌並行，就算聯考分數不到，你還是可以念宜蘭高中。」

於是，確認有學校可讀的我，依舊每天伏首書桌前，一讀、二讀，滿腹無奈地備妥戰力，準備應付高中聯考那場大戰；每天都在問老天，為什麼要這般多此一舉？所幸，最終聯考分數依舊有達標，至少沒有丟臉。

收拾的腳步聲將我的回憶抽回，祭拜已告一段落。看著一臉虔誠的媽媽以及笑容滿面的爸爸，我不禁偷笑——這回他們沒要我放棄甄試慈大醫學系的名額，再去參加聯考證實自己的實力。一來，這次的制度不再是雙軌並行，放棄就是放棄了；再者……我嘆口氣輕笑地在心底調侃自己：「還好，這回他們心知肚明自己的兒子有幾兩重。」

就在我得知考上慈大醫學系之後，我的興奮只維持了短短一個月。一個月後，我才如夢初醒：「不對！我還是要念書！不然，我如果連高中都畢不了業，怎麼去上大學？」

為此，我還謹慎地找出推薦甄試的簡章，仔仔細細地逐行逐句看過，確認即使肄業仍保有錄取資格才稍微安心一些。

所有的不安，並沒有隨著我領取到高中畢業證書、並且在開學當日準時到慈濟大學報到而煙消雲散；反之，眼前霧霾更加濃密，困得我動彈不得。

一如所有的學習歷程，新學期的每一天，少不了自我介紹，班上幾十個學生，一個個站起來，盡可能地依循前幾位同學的介紹脈絡告訴大家，自己是誰、來自哪裡。

我耳邊開始響起傳說中的那些學校名稱：建國中學、北一女、師大附中……被包圍在這些來自全臺明星高中的同學裡，我就像一隻小倉鼠，得忍著衝動才不會躲到角落瑟瑟發抖。

我被嚇得出神，一魂一魄飄回宜蘭的家，來到房間的書架前，一一確認每一科的教科書與參考書都還穩妥地放在書架上，這才安心地把思緒重新拉回課堂裡，安

慈大入學時與慈誠懿德家族合影，花蓮慈濟醫院首位外科醫師陳英和（前排左一）擔任我們家族的慈誠爸爸，也大方給我們機會進手術房觀摩學習。

慰自己：「至少高中的書都在；如果哪天真的被退學，至少我還有書可以讀，拚重考……」

開學後，我坐在這群人之中，時時刻刻都怕一不小心沒抓好浮板，就會被踢到海底下溺斃。

＊＊＊

就怕自己錯誤的人生再走第二遭，於是我一刻不敢懈怠地拚命念書。第一學期，幾乎每一天，我逼自己在清晨四、五點就起床讀書，直到七、八點天亮，才整漱去上第一堂課，第二學期依舊。大學一年級那一年，我的成績名列前茅，一度還考到全班第二名。

「原來，那些名校、第一志願的高中，也沒有比較厲害嘛！」

自鳴得意大抵就是當時我的心情寫照。於是，二年級開始，我將大把的時間投入弦樂團、羽球社，清晨的鬧鐘也不再響起。

當時我還沒意識到，課業壓力已經愈來愈重；而且，那些明星高中來的同學，原來第一年都是來玩的！第二年，個個都像是變了裝的超人，從柔弱傻氣的克拉克肯特化身刀槍不入、戰無不勝的鋼鐵英雄！

我的放縱以及同學們的振作，自此分野；由初始帶給家人與師長的「驚喜」，逐漸一步步走向「驚愕」。

被譽為「交響曲之父」的海頓（Franz Joseph Haydn，1732-1809），有一首著名的《驚愕交響曲》。這一首交響曲之所以聞名，除了曲調動聽之外，其中一部分來自於背後那個流傳數百年的趣味故事——

海頓在倫敦的音樂會上時常看見，那些打扮貴氣、嘴上總是說著對音樂滿懷熱忱的名流們，在音樂會開始後不久，就紛紛低下頭來打起瞌睡，他對此很是不滿。因此，有一回他在某場音樂會開始之前，向朋友放話：「我這次寫了一首非常令人驚喜的曲子，沒聽到的人就太沒耳福了！」

這一番話很快就透過朋友的嘴巴放送到上流社會人士的耳中，也讓那場音樂會變得一席難求。

入場的人起初興致高昂。第一樂章曲風明快，是標準的海頓樂曲；但要說具有驚喜，倒不盡然。終於來到第二樂章，C大調的行板以弱音與最弱音演奏兩次之後，觀眾就再也禁不住沉重的眼皮，現場在那時已經開始陷入一片昏昏欲睡的氛圍。就在全場將近有一半以上的人即將進入夢鄉之際，「轟」的一聲，全團以強音齊奏大和弦，如雷一般轟然奏響，嚇得所有人紛紛驚醒，甚至還有人摔得四腳朝天！

原本說好的「驚喜」，海頓卻是送上「驚愕」，就像大學二年級的我。醫學系二年級時，我的名次就像失了足般，一下子就跌進了谷底，一度還被系主任約談。

那時，我們在坪數不大的辦公室裡，隔著一張桌子兩兩相望；空氣中的每一分氧氣都被他話語中的語重心長一一震碎，令人難以喘息。

「以前人家都說，推薦甄試沒有什麼好學生，我都拿你的例子說給人聽。」他

高中課業日益加重後就中斷小提琴的練習，在李明亮校長鼓勵下重新練琴，也在大學一年級時於學校耶誕舞會上演奏。（上圖）

從學生時期就非常熱愛羽毛球的我，考上慈濟醫學院後仍然沒有中斷打球，也帶領社團出外參加大小比賽，包括參加第五屆更生盃羽球比賽。（下圖）

醫

五屆更生盃

轉述著不下數次說給別人聽的那番話：「你看這位學生，又會拉琴又會打球，成績還都維持前三名，誰說甄試沒好學生？」

說這話時，他的眉頭是皺著的；但我相信，當他在說給別人聽時，臉上的神情絕對不是如此。他一眼望進了我的眼，最後輕聲一問：「你現在怎麼讀成這樣？」系主任語氣中的譴責很淡，關懷卻很濃厚；對我而言，所引發的後勁很強烈。

突然之間，我覺得自己像極了讓海頓厭惡至極的悍妻安娜。

婚後，安娜對於海頓的貧困很不能諒解，甚至覺得埋首於創作的海頓根本是個笑話；因此，總是將海頓珍貴的創作手抄稿當成廢紙，隨手拿來作為各種生活用途。有時拿來包糖果，吃飯的時候拿來墊餐盤，甚至在捲頭髮時充作捲髮紙。因此，海頓的創作雖然海量，留存下來的樂譜比起其他作曲家卻不算多，而且還有許多樂章因此殘缺不全。

二年級的我就像安娜，把珍貴的醫學系錄取資格當作廢紙，隨手一扔。此時此刻的我，就像一個還學不會自由式換氣的半調子泳者，剛才還能抬頭吸氣，想再抬頭時卻怎麼也抬不出水面，只能將不小心吞入口的水嚥下肚。

我甚至也沒有辦法像海頓那般，挺身糾正錯誤百出的市井謬論。

有人向海頓求證《驚愕交響曲》的由來，為人所津津樂道的傳說卻被當事人一口否決：「怎麼有那麼有趣的傳聞？這首曲子雖然名為『驚愕』，但其實我是想給民眾驚喜啊！所以，第一樂章結束的時候大家都拍手叫好，演奏到第二樂章已經很多人在喊安可了！」

海頓雖然並不富裕，他的才華在他還在世的時候卻很受歡迎。但是我呢？大學才來到第二年，卻漸漸不再能聽到美妙激昂的安可聲了。

二之二——拜託不要二——我！

曾有一套音響，陪伴了我許多年。我常在音色流淌中，反省、反思與反悔，提醒自己不要再一次地像音樂家盧利（Jean-Baptiste Lully，1632-1687）那樣被笑愚蠢。

這套音響來到我身邊的時候，是大學三年級下學期剛開學的時候；當時，我想送自己一份禮物，某樣可以令自己暫時從巨大的學習壓力中解脫的禮物。這是新學期的開始，我的零用金算起來仍舊寬裕，但仍得小心謹慎的計算運用；因此，這個禮物既不能太過昂貴，也不能不夠奢侈，否則就失去寬慰自己的用意了。

思來想去，某樣一直想買卻捨不得買的東西直直射入我的腦海——我想要一套音響！

「如果有一套音響放在床頭，那該有多好。」

我一直很喜歡聽音樂，尤其是在算數學的時候。還記得高中時期，我常在隨堂考試時戴著耳機算數學；想當然爾，老師並不樂見，總是眉頭深鎖地要我拿下耳機。此時，我就會用真誠的眼神看著老師，誠懇地說：「老師，不好意思；可是，我聽音樂的時候，才能更專心地算數學。」

實際行動總是能化解狡辯；幾次之後，老師也就默許了。在那樣相對保守的年代裡，我很幸運地能在烏雲密布中被一絲陽光拂照。

拿下耳機，現在的我不再是個孩子，但仍舊是個肩負著沉重課業壓力的學子。我揣想著，換上一套音響，念起書來，無論身或心，或許都會更輕鬆些。

當年，盧利也是為了讓自己的身心更為輕鬆，因此誤打誤撞地發明了史上第一支指揮棒。

十七世紀的法國作曲家盧利，是路易十四的專屬宮廷樂師；雖然位高權重、備受尊敬，但盧利仍有煩惱：每回為了要指揮整個樂團，他總是費盡體力。當時指揮棒還未問世，指揮家時常得用誇大的肢體動作，讓龐大的樂團團員們能跟上節拍與節奏速度；指揮家時而得重重地點頭，或是大力地跺腳，一場音樂會下來，全身肌肉都痠痛不已。

為了讓自己身心更為寬暢，盧利便發明了第一代的指揮棒——一支長而大的木棒，藉由敲打地板的方式打拍子。試了幾次之後，盧利覺得輕鬆不少，甚至能更投入指揮樂團的享受當中。

當時的盧利，為了找尋順手的手杖費盡心思；然而，我在找音響的這條路，卻意外地輕鬆。

「我想買音響。」三年級下學期一開學，我就找上班上的一位同學，試圖從他那裡問到採購的管道；「你那套音響不錯，是去那裡買的？我想跟你買一樣的，還是你有沒有可以推薦的？」

他看著我，側著頭微微思考，最後彷彿下定決心，才開口說：「不如我這一套賣給你，好不好？」

「你要賣我？」二手音響加上同學之間的交情，我快速地在心裡盤算一番，當然絕不會吃虧，肯定能買到比市價更便宜的音響。可是，腦中浮起的疑問卻遠遠壓過了心中的竊喜：「你不聽了嗎？」

他只是聳聳肩，並且盡可能保持輕快的語氣以道出最沉重的現實：「我不聽了，因為我被二一（學期總學分數二分之一不及格）了。」

他又接著說，那套音響又大又沉，要搬還嫌麻煩；既然我需要，不如就便宜賣我……只是，我卻被凍結在那句「我被二一了」的話語裡，連他開價的價格都沒聽清楚；那一刻，一句話就將我們切分在不同的時空裡。

二一，意味著他被宣告退學；這是一個永恆的詛咒，他卻選擇昂然挺立地面對，並且輕易地在我面前說出口。反之，在他面前的我，連眨個眼都顯得無禮，只能愣愣地反覆問著：「你真的被二一了嗎？是在開玩笑吧？既然被二一了，那你還來幹嘛？」

我們的情緒都不在對方的意料之中，我的反應讓他笑了，他那看似緊繃的肩頭頓時也鬆了些；「我來收行李的。如何？我的音響，你要不要？」

盡管錯愕將我團團圍住，但我最後還是買下了他的音響，讓他能更輕巧地與慈大醫學系揮手道別。

我沒有問他，究竟是被哪幾門學科打敗；因為，醫學系的每一門課都不輕鬆。但是，上一個學期有一門課更甚以往，它猶如布滿苔蘚的滑溜黑岩，恨不得讓我們所有人都墜入深邃的海底。

它，名為「解剖學」，一堂高達八學分的課程。

在課程還沒開始之前，學長姊們早早就開始疾言厲色地發出了無新意的恐嚇：「這堂課超難的！」

為了讓我們更添恐懼，各種都市傳說如雨後春筍般從四面八方傳來；故事的開頭，都是「聽說」：聽說最好別在上課前吃東西；聽說這堂課比任何一堂課難上千百倍；聽說壓力會大到讓人精神崩潰……

由於沒有人願意在歷史上具名；因此，有些「聽說」的故事更是不負責任的既懸疑又驚悚。

「聽說」，在上課之前，醫學生得親自搬運大體到解剖室。曾有四個人在搬運大體的途中，前面兩人因為過於害怕而腿軟，大體老師就這麼往前滑了下去，眼看大體老師就要被摔在地上了；恐怖的是，老師不僅沒有摔倒在地，甚至還直挺挺地撐著讓自己站起來……

早在開課之前，我們就已經被嚇得魂飛魄散。為了聚精會神地應付這堂課，我甚至根本不敢讓那學期修超過十七學分。

慈濟大學學期章程條列明訂，每學期必修、選修以及通識課程，總計不得低於十七學分。當時，為了應付傳聞中最艱鉅的解剖學，大家在選修上各出奇招。大多數的人，在必修課程之外，全數捨棄選修科目，改選幾堂能夠輕鬆通過的通識課程補滿學分，像是音樂賞析、茶道、花道等。

看著大家奢侈地在音樂賞析與茶花道之間挑選抉擇，我只能乾坐在那兒，欣羨地看著眼前每一位幸福的孟德爾頌；而我，卻只是那位提早把好運都用光的倒楣鬼盧利。

盧利在法國的音樂史上曾開創過一片輝煌，甚至還發明了史上第一支指揮棒，理應當被後世以金色墨水書寫在名為「榮耀」的史書上。只可惜，後代的我們聽到且最印象深刻的盧利故事，卻是他最後那「愚蠢」的死法。

有一次，路易十四生病了，好不容易才康復；身為宮廷樂師的盧利為了慶祝路易十四的痊癒，因此特別準備了一首《讚主曲》，以音樂大肆慶祝。未料，在演出的時候，盧利因為一時情緒高昂，失手將手上那支大木棍指揮棒往自己的腳砸去；過沒幾天，就因為敗血症而死亡了。

至於用木棍當指揮棒的作法，也在他死亡那一刻，隨著棺木一同下葬。日後，當孟德爾頌在某次晚餐時，無意間拿來皮革包裹住鯨魚骨頭，並用來作為指揮的輔助工具，後人開始大力仿效，也讓這種輕巧指揮棒開始推廣、普及。人們漸漸忘了盧利才是第一個發明指揮棒的人，卻只記得他死得有多麼冤枉，英國某兒童節目甚至還將盧利的死亡歸類於「愚蠢的死法（stupid deaths）」。

而我，就是那個被笑稱「愚蠢」的盧利；因為，早在一年級的時候，我就把音樂賞析以及茶花道等通識課程全都修完了，如今再也沒有得以安然通過的送分課程可以選。我能挑的，只有前方那一條看不到盡頭的幽暗之路。

當時，能修得上一兩堂必能通過的通識課程，他們絕對都是「孟德爾頌」，名留青史，大步在醫學之路上前進；而我，早就將好運在一年級全部「梭哈」的傻瓜，可能就是下一個盧利，因為自己一時的愚蠢而斷送未來。

最後，我做出決定，我依然不能選超過十七學分，免得花太多時間在其他課程的學習與課堂中。相對的，這也是一場豪賭；倘若高達八學分的解剖課被當掉，又不巧有任何一堂課沒過關，我就得收拾包袱，提前從醫學系離開。

「拜託不要二一我！」每一天，我都在祈求上天；我不求自己是那位名留青史的孟德爾頌，但也千萬拜託別那麼輕易地就將盧利手中那根木棒打在我腳上。

三年級上學期的我，幾乎整個學期都攀在陡峭的岩壁上，忍著頭暈，瑟瑟發抖；想必，賣我音響的那位同學也是如此。然而，他最終沒能將自己穩穩地平衡在解剖課這座滑溜的黑岩上，被無情地甩入海底；再爬起來時，已置身在重考補習班裡。

而我呢？雖然終究還是過關了，但過程中驚濤駭浪沒有停過，一度也曾隨著損壞的船槳差點兒被捲入茫茫大海之中。

心臟小學堂：心臟衰竭

當心臟功能受損，導致從心臟輸出的血液無法供給全身代謝所需時，就會產生呼吸困難、氣喘，甚至是四肢水腫的狀況，精神也會異常疲憊。雖然醫學不斷進步，但心臟衰竭仍被視為難以治癒的慢性心臟疾病；罹患此病，五年內的死亡率高達七成五。一旦被診斷為心臟衰竭之後，一定要依照醫師指示配合藥物、飲食以及生活調理，才可能提升長期存活率。

二之三——綠巨人

嘗過失敗苦澀的人怎麼可能會再將自己推入深淵？偏偏，二十歲的我，就走在這道深淵的陰暗邊緣；即使只是一個極短的學期中假期，父母也能輕易地察覺出我的不對勁。

「你怎麼了？」媽媽皺著眉頭對我說話的模樣，像極了當她那些家教學生彈錯曲調時，所露出的神情；「你現在就跟你高中那時候一樣，陰陽怪氣的。」

「我不想念醫學系了……」這幾個字眼就像是一本本老舊的書籍，即使書頁邊緣泛黃破碎，依舊散發出古老文字裡所蘊藏百年的力量，輕而易舉地衝撞人心；但我不甘如此而已，緊接著又補了句：「我覺得我不適合當醫生。」

爸媽一聽，早已難以集中精神在他們手邊正在做的事情，對於這個兩年多來感謝著老天給他讀醫學系的孩子，如今竟說出斷絕醫師路的字句感到訝異。他們愈想探究原因，我的聲音就愈破碎，只能不斷呢喃：「我真的念得好痛苦……」

突然之間，我和媽媽那條早已被切斷的臍帶彷彿又隱隱相連。她站了起來，搖搖欲墜，痛心疾首地說：「那就不要念了！媽媽不希望你念得那麼痛苦……沒關係，我們不要念了！」

這就是我的媽媽，總是能以如此戲劇性的演出，讓大家在飽滿的情緒之中突然走神。

就在我不知道該如何為這場戲收尾時，還好爸爸總能巧妙地在最適當的時機以理性化解一次次的危機。他伸手按住媽媽的肩膀，沉穩地說：「不要這樣，冷靜點。」緊接著看向我說：「到底怎麼回事，慢慢說。」

盯著父親的臉，我的眼瞼輕輕顫動，適才被媽媽所打斷的情緒又慢慢地聚攏成型。我說，讓我湧現「想放棄」念頭的原因，若要追根究柢，是一把鋸刀與一副胸骨。

解剖學早在幾週前正式展開。課堂之初，我們解開的不是大體老師的皮膚，而是一個個荒誕不經的謠言——我們不用去搬運大體，大體老師早已被安放在解剖教室中；他們靜默地躺在那兒，沒有一具會撐起身子起來行走嚇人。

但還是有些事情是正確的：這堂課並不輕鬆；只是，在不輕鬆當中，我們始終懷持著感恩。起初，我雖然緊張，但沒有過一絲一毫退卻的念頭。

教授告訴我們，以前，臺灣醫學教育中的大體老師嚴重不足，大多是無名屍或是沒有親人認領的遺體，幾十名醫學生分得一位大體老師是常態；然而，由於非自願捐贈，加上過程的漫長等待，有些大體在送往醫學院時已經損壞嚴重，狀況並不好。

學習對有些人而言是義務；但對於某些人來說，則要擁有充足的幸運。

例如，出生於顯赫音樂世家的巴哈（Johann Sebastian Bach，1685-1750），理應在追求音樂這條道路上備受呵護。無奈，九歲那年，父母親相繼離世之後，巴哈只得跟著貧困的哥哥一起生活。熱愛學習的巴哈擔心晚上念書會用掉太多的燭火，總會捧著書本到夜空下，透過微弱的月光閱讀。

以往的醫學生們，就如童年時期的巴哈，也只能在眾多同學之中，墊起腳尖、睜大眼睛，盡可能地從大體老師身上學習。

有別於其他學校醫學系大體老師的不足，慈濟大學醫學系的大體老師則相當充裕。在慈濟基金會創辦人證嚴法師的呼籲之下，自一九九五年起，慈濟醫學院就有第一位自願捐贈大體的人，之後人數不斷累增；因此，醫學系自第一屆起，平均每四位學生就能分得一位大體老師。也由於他們事先就已經決定捐贈，過世之後得以立即處理，因此大體保存狀況相當完好，讓醫學生得以在最佳的狀態下，在他們身上充分學習。

教授還說，這些大體老師為數不少是慈濟志工，也有部分極其有心的社會人士，一如我們這一組的大體老師康純安爺爺。他非但不是一位慈濟志工，還是一名天主教徒；啟用儀式之前，他的幾名兒女以及教會的神父都來了，在地藏王菩薩面前替他舉行了一場彌撒。

當時我們這一組人，包含我們四個學生，加上康爺爺的親友，加總起來共有十一人。或許是人多壯膽，掀開康爺爺身上的白布時，想像中的恐懼並沒有伸出它的爪牙；不過，若說平靜，也不盡然。

後來，許多學弟妹在解剖學前跑來問我，第一眼看到大體老師時，會像電視上演的那樣，因為害怕而暈厥或是轉身嘔吐嗎？我總是搖搖頭，誠實地告訴他們：「沒有，我只是覺得非常奇怪。」

因為，康爺爺是綠色的。

有別於其他大體老師的膚色呈現乾柴般的棕，康爺爺的膚色卻是綠的；得仔細地看，才能見到綠色裡透著隱約的棕。起初我們不明所以；後來才知道，可能是康爺爺的病程所引起的。也因為這般獨特，私底下，我們都暱稱康爺爺是「綠巨人」，雖然他個頭並不高。

隨著課程進行，我們猶如正在走上一段陡峭的山坡路，心肺逐漸在瘋狂的喘息中瀕臨炸裂。

有別於其他學校醫學生十幾個人分得一位大體老師，每個人能負責的部分不多，甚至有些人連動手的機會都沒有；我們僅有四人，徹頭徹尾都得親自動手實作。由於人體是對稱的，我們四人又細分兩人一組，一邊一組，每次由一個人負責翻書，一個人負責解剖；解剖的人累了，再換手。即使只是一根骨頭，老師也能出十幾個考題，枝微末節無一遺漏地問。

要學的、要記的，猶如港灣裡的細沙，數不盡也望不穿。

這讓我想到巴哈。他在哥哥藏於角落的櫃子裡，發現了一疊又一疊費盡心思所蒐集而來的樂譜；為了習得這些樂譜，他開始奮力抄寫，每晚在月光的溫柔光線下一遍又一遍地抄譜。

而我們也一遍又一遍地反覆操作、練習、背誦。前一兩堂課的痛苦頂多如此，我以為這就是極限了。

打從啟用儀式之後，康爺爺的兒女們就時常來，先看過康爺爺之後，就與我們四個學生坐下閒聊；常常都是他們在講，我們靜心聆聽，故事內容大多都是康爺爺生前的故事。

他們說，康爺爺是直腸癌過世的。因為發現得早，原本只要動手術切除，還是有存活希望的；但是，在診間外的一幕，讓康爺爺放棄了手術。

「當時診間外正巧有一個剛做完直腸癌切除的患者，那位先生肚皮上掛著一個長長的塑膠袋，滴滴答答地滲出糞水。」康爺爺的二女兒康二阿姨說，當時這位患者的身旁，站著一位滿臉不耐煩的女士，滿臉厭惡地抱怨著患者真是臭死了，開這個刀有多麻煩；「我們旁敲側擊才知道，那是他的太太。」

這幕景象在康爺爺的面前真實上映；只見那位先生一手推著吊著點滴的架子，一手扶著讓太太厭惡至極的糞袋，滿臉無奈。

「原來開完刀會變成這樣子啊……」康爺爺將這一幕盡收眼底，他開始揣想自己平日的生活——每日一早四點準時起床，並固定在四點三十分抵達住家附近的國小校園，拿著一只袋子，他沿著校園一邊走，一邊撿拾落葉與垃圾，直到五點與外丹功的朋友們會合，一起練功。

這樣的日子數十年如一日，是他這生走訪近乎整個臺灣之後，選擇留存在人生的一幅美麗風景。

他不敢想像，若肚皮上掛著一個糞袋，他的生活會出現什麼樣天翻地覆的變化。「所以，他告訴醫生，他不開刀了。」笑容始終在康二阿姨的臉上；回憶起父親，即使是那個可能縮短他壽命的決定，她那張臉始終不曾垮下；「無論醫生怎麼勸他，他依然堅持。」

他們姊弟幾人你一言、我一語。漸漸地，我們眼前那位「綠巨人」的形象，不再陌生飄渺，他開始有脾氣、有個性，有血有肉；對我們而言，他不再只是一具上課學習的大體，也曾是個活生生的人。

就這樣，第三堂課即將開始了。在教授拿起那把長得像是工業用的鋸子出來之前，我還不知道，我的內心世界會像一座搖搖欲墜的玫瑰棚架，隨時都可能傾頹倒下。

「這堂課我們要開胸。」教授的話語，在偌大的教室中聲聲迴盪。說完，他拿起早已經備妥放在身邊的那把大電鋸，要我們一一靠攏過去，準備示範給我們看。

「喀噠」，隨著鋸子碰觸胸骨，緊接而來是發出響亮清脆「啪」的一聲，一根肋骨應聲而斷。

喀噠、啪！

喀噠、啪！

喀噠、啪！

教授的動作乾淨俐落，大體老師的肋骨也隨之斷得乾淨俐落，這一幕卻震撼了我的心！對我而言，與其說眼前是一場華麗的「手術」，不如說是「支解」還要更來得貼切。

「接下來換你們自己來。」他把電鋸遞下來，一組又一組；即使我再不願意，那把電鋸最後還是傳到我的手上。

電鋸在我手上轟隆隆地震動著……我看著康爺爺，即使前兩堂課我已掀開他的皮膚，撥弄他的肌肉，挑起他的血管，但要這麼「殘忍」地鋸斷他的肋骨，我只能任由恐懼將我的自尊逐漸啃噬，一雙手禁不住地顫抖。

「他是康爺爺啊……」我分明知道他的這副軀幹已經被抽離了靈魂，可是我對他的想像又賦予了他全新的血肉與魂魄。他曾經身而為人，如今在我眼前，即使沒有溫度及呼吸，卻仍是活生生的。

我知道，如果眼下我不做，不僅這堂課我無法繼續前進，未來也沒有辦法披上白袍。

最終我還是動手了，康爺爺的前胸被我整個鋸了下來。下課後，我的心被一大片濃密糾結的藤蔓佔據，密不通風得令我喘不過氣，並被迫接受了一項現實——或許，我根本不適合當醫生。

原本眼前的人生道路，指標明確；突然之間，我卻失明了。

晚年的巴哈視力急遽衰退；有人說，那是因為他小時候在月光下抄譜學習所造成的後遺症，也有人說那是年歲所造成的退化。無論如何，當時巴哈亟欲力挽狂瀾，因此拿出幾乎是畢生的積蓄，請來了自稱眼科名醫、實為騙子的約翰泰勒（John Taylor）為他治療。悲慘的是，在進行了兩次手術之後，巴哈不僅視力沒有好轉，反之完全失明，甚至還因為這個騙子開的藥物藥效過強，幾個月後就因腦溢血而死亡。

「我根本不適合當醫生。」我這麼告訴爸媽。

巴哈因為庸醫誤診而導致快速邁向死亡。他過世後，報紙這麼寫著：「這是一場因不成功的眼科手術所導致的不幸結果。」

而我呢？會不會也因為一堂讓人覺得像是「開膛手傑克」（Jack the Ripper，

十九世紀的英國懸案）般的鋸胸骨課程，最後可能也將導致令人難過的結果——放棄從醫。

讓我自己失明的，不是哪一位庸醫，而是始終都住在心裡那個脆弱的自己；而且，我知道，再這樣下去，我隨時可能會「死亡」，提早親手扼殺那條夢寐以求的醫師路。

心臟小學堂：胸廓的組成與重要性

胸腔內有許多重要的器官，包含心臟、肺臟、主動脈、大靜脈、食道與氣管等；因此，在其上的胸廓就扮演了保護作用，成為這些器官與血管的天然屏障。

胸廓由胸骨、十二對肋骨、十二個胸椎骨以及橫膈膜所形成；肋骨、胸部肌肉收縮與橫膈膜的上下移動，是帶動肺部呼吸的主要動力來源。

二之四——還是撐過去了

我看不清楚他的臉，只見他一身素淨白衣，半坐在那兒；雖然五官模糊，但我就是知道，他在休息。

我理應害怕，但四周的氛圍卻沒有一絲一毫的恐懼與懸疑，我們的會面是如此地自然輕鬆。

終於，他開始有動靜。幾次移動之後，他坐起身子，胸膛前傾，溫柔傾吐二字：「來吧！」

他話才剛說完，我就醒了……原來是一場夢啊！但是，這個夢境卻沒有隨著我意識的清醒而散逸，卻清晰地留存在腦海裡。

這極其簡單卻無比勇敢的兩個字，恰恰對映著我幾日前準備放棄醫學系的懦弱；那時的我，告訴媽媽自己沒有勇氣鋸開康爺爺的胸骨，一蹶不振地喊著自己不適合當醫生這樣的喪氣話。

原本情緒跟著我走的媽媽，在理解前因後果之後，很快就重整了思緒，恢復她平日那明快果決的模樣，有條不紊地鼓勵我：「康爺爺把自己的身體捐出來，就是要你們在他身上學習！你不是凶手，不用有罪惡感；你該做的，就是好好地在他身上學習。」

那個週末結束之後，一如以往，我拎起行囊，重返校園，但心底依舊沉重；面對即將到來的解剖課，彷彿失敗就在眼前，等著將我大口吞噬，我不知道該如何在困境中重新振作。

若能穿越時空，我好想問問終身未婚、將自己全心埋首於音樂之中的音樂大師韓德爾（Georg Friedrich Hondel，1685-1759），在歷經無數次的失敗、甚至一度瀕臨破產時，他是怎麼說服自己，在觀眾都不對他作品買單的時候，仍然奮力不懈地繼續創作？

懷著忐忑不安的心，解剖課即將開始。課程前，一如往常，康爺爺的子女們又來到了花蓮，急著跟我們分享康爺爺的故事，也樂於聆聽我們分享大學學習生活中的瑣事。

我遲疑了許久，最後還是決定把那個夢告訴他們，並且嘗試將記憶中夢裡那位長者的動作示範給他們看。

他們看著，不禁笑了。

「小睿，你知道嗎？你剛剛學的那個擺手動作，就是我爸會做的動作。」康二阿姨笑得像個孩子，「你夢見的肯定就是我『把拔』。」

「把拔」，康二阿姨每回在叫著爸爸的時候，總像個小女孩般，發出這般甜蜜的發音，聽見的人都能在這簡短的兩個字之中感受到，他們父女之間的情感有多麼親密；而這樣的她，絕對不可能錯認父親的動作。

「你就在我爸爸身上盡量學習，什麼都不要擔心，好嗎？」接話的，是康家的大姊康念慈阿姨，沉著穩重又不失溫柔。

我只是眨眨眼，順從地點點頭；那顆忐忑不安的心雖然被安撫了大半，但還不完全。

許多動人心弦的故事往往會描述，當主角的人生走到幽谷時，谷底定會有一扇敞開的大門，呼喚著他走向另一段扣人心弦的人生，韓德爾即是如此。當他決定放棄舞臺時，他的一位朋友給了他一份據《聖經》描述基督生平的劇本，同時也接獲一個慈善晚會邀約作曲的機會。於是他開始埋首工作，幾乎不吃不喝地僅用了二十四天，就完成了神劇。

據說，《彌賽亞》那長達兩百六十頁的手稿上，處處都沾染著韓德爾的淚水；走出閉關的房門時，他捧著手稿，淚流滿面地說：「我在創作時看見了天堂，還有上帝。」

《彌賽亞》被譽為「古往今來最偉大的曠世巨作」，不僅帶給韓德爾無限感動，也讓他失敗的人生得以重攀巔峰。

對我而言，我看見的雖非上帝，而是康爺爺親自來到我的夢中鼓勵著我，就已經讓我擁有重新振作的念頭；無論那個夢是否真是康爺爺的顯靈，又或者是我的日有所思。

「你們知道嗎？我爸爸是真的非常堅持要當大體老師。」康二阿姨的一句話，將我從思緒中拉回。她開始說起了康爺爺的生平，說著當初他們姊弟幾人是多麼不願讓父親捐贈大體，但康爺爺始終不願妥協。

康爺爺後來曾這麼告訴子女：「人來到這個世界上，就好像是一艘船，一路在河面上直直航行著、偶爾轉向；但終有一天，這條船會壞、槳會斷。若不把船移走而繼續停留在河面上，整條河最後不就堆滿了廢船，河不成河了？」

「後來，我開始打電話去每一個醫學院問大體捐贈的事情，真的好痛苦。」回想起當時，康二阿姨的臉上流露出我們少有機會看見的苦澀。她說，她當時一天所積累的勇氣，只足夠打一通電話；「打完電話，我就會開始難受地流淚；等淚流完了、臉洗乾淨了，再上樓找爸爸，隔天再打去問另外一間。」

面對至親將被醫學生們千刀萬剮，他們必須鼓足畢生的勇氣，但康二阿姨很快就讓自己的笑容重新回到臉上；「你們別怕我爸爸會痛，他是一個相當堅強的人。」

她說，在康爺爺過世之後，姊弟幾人懷抱著尚未褪去的傷痛，打起精神逐步地整理父親的遺物，並將向人借來的氣墊床整理一番，打算乾乾淨淨地還給當初無償借給他們使用的好心人。豈知，在拆掉氣墊床的布套時，卻看見大半個氣墊床都溼透了；而那些水分，全都是康爺爺的汗水。

「我這才恍然大悟，我爸爸過世之後，我們在他腳底板發現的那些瘀青是怎麼回事。」在康二阿姨閉上眼前，名為「不捨」的淚水已經在她的眼底打轉；「我爸爸從未在我們面前喊過一聲痛，我們以為他不會痛；但是，原來他是很痛的！痛的時候，他就將腳頂住床尾板，撐著不讓自己叫出聲來。」

再張開眼，康二阿姨堅定地看著我們四人說：「我爸爸是一個非常堅毅的人。」

此時此刻，我那始終不安的心開始追逐寧靜；我知道，恐懼即將鬆開手，遠遠離我而去。

＊＊＊

神劇《彌賽亞》問世之後，引起各界朝聖，就連英國國王喬治二世也親臨劇院聆聽。當他在聽到第二部分終曲〈哈利路亞〉大合唱時，甚至還按捺不住心中的澎湃情緒，站起身來聽完全曲；現場觀眾見此，也依循皇家禮節全部起身，跟著一起站著聽完全曲。從此之後，每當〈哈利路亞〉大合唱響起，現場觀眾就會起身聆聽。

猶如這個維持長達兩個世紀之久的慣例般，在每一次解剖課程結束之後，我就會站在康爺爺的照片前，告訴他，我今天在他身上做了什麼、學了什麼，然後又解開了哪一道人體的奧祕。

雖然學習未必事事美好，我時常也會告訴他，我在課堂上所遭受的挫折；康爺爺始終在照片裡靜靜地微笑以對，沒有責備。

「同學，我可以訪問你嗎？」

有一次，某電視臺記者前來學校拍攝相關報導，看到我虔誠地站在康爺爺的照片前細數著今天的學習進程，便想對我進行採訪。

我心想，既然是正面的宣傳報導，就大方地接受訪問吧！

記者問了好幾個問題，我誠實以對，就連他問我知不知道康爺爺的宗教信仰與慈濟不同時，我也如實回答我所知道的；我說，我知道康爺爺信仰耶穌，「但我不知道是基督教還是天主教，我分不清楚這兩者的差別。」

當時，天真的我還不知道，那則訪問在幾日之後，將被剪輯成慘不忍睹的破碎模樣，並顛顛倒倒地重組起來。節目播出後，我對大體老師的感謝全都不翼而飛，留存的畫面與話語，一再顯示我是個糊塗又徬徨的醫學生，在這堂課裡根本不知道自己在做些什麼，憑著一股傻勁就硬上了！

節目播出之後，沒有人來笑話我，所有人都氣得抓狂；而我自己除了覺得氣憤、丟臉，心底還湧升一股歉然。

懷持著不安的情緒，在康爺爺子女再度到訪時，我向他們慎重地道歉。

「沒關係，你不用在意這種小事情。」他們說，這幾週的相處，他們知道我絕非媒體上所呈現的那樣，並叨念著，這種媒體人真是要不得；「你不要理會他們，專心學習就好。」

在他們的鼓勵之下，我最終還是完成了所有解剖學的課程，並且幸運地取得及格的成績。

喬治二世曾讚譽〈哈利路亞大合唱〉是「天國的國歌」；對韓德爾而言，更是如此。當他寫到這首曲子的時候，他感動得雙膝跪地，止不住淚水地說：「我彷彿看見天國的門打開了！」

回首來時路，推開我心中那道通往天國的門、讓我持續走上醫學之路的，無疑就是康爺爺一家人吧！

二之五——感謝教授沒有把我當掉

「這群孩子真可愛！」在面對記者採訪的時候，康爺爺的大女兒康念慈阿姨談起我們在他父親身上劃錯刀時、總會馬上低下頭來跟康爺爺道歉的這件事，不禁露出溫柔的笑容；「對生手而言，怎麼可能一開始都不劃歪？但是多些練習，一定能熟能生巧。」

康念慈阿姨投身教職，對於學生學習歷程中的挫折，滿懷包容。

二〇一八年六月的送靈典禮上，我就站在家屬之列。回想著康念慈阿姨在我記憶中的每一刻，也想起去年太太打電話給康念慈阿姨問安時，阿姨還溫柔地說：「我很快就會回到花蓮看你們了。」

沒想到，她來看我們的形式，竟是如同當年的康爺爺，用大體老師的身分回來讓我們見她最後一面。這一年，她七十歲，距離我發著抖不敢鋸開康爺爺胸壁的那時，已經過了二十二年；如今，我已經是一名獨當一面的醫師。

對於康念慈阿姨的驟然離去，心中的不捨難以言喻。

「你知道嗎？姊姊會想到當模擬手術的大體老師，是因為你喔！」儀式的空檔，康念慈阿姨的大妹康二阿姨握著我的手，眼角還帶著淚；但嘴角一如當年她來探望我們的每一刻，笑咪咪地問：「還記不記得你們醫學系畢業那年？」

我讓自己不去在乎那顆緊揪著的心，放鬆身心，任由回憶將我拉回過去。畢業典禮當天，康家姊弟特地從高雄到花蓮參加我們的畢業典禮；那一年，也是模擬手術課程首次舉辦。為了讓即將踏入醫院實習的醫學生有臨床手術的實習機會，因此在七年級特別開設「臨床模擬手術教學」。

我迫不及待地跟他們分享那堂模擬手術課程有多麼令我受益匪淺：「這些大體老師跟康爺爺不一樣，是採急速冷凍的方式，解凍後就如同接受麻醉的病人，當時我們才真的練習了如何開刀。」

我的回憶隨著康二阿姨再次開口，戛然而止；但故事情節沒有因此中斷，她替我接了下去，一如往常那個愛說故事的她，總是能將故事講得生動有情。

「當時你說話的時候，眼神閃閃發亮。」她說這話時，眼神裡也閃耀著光彩；「我們那時候才知道有模擬手術；當身體健康狀況不如從前時，就開始詢問捐贈模擬手術的條件。」

康二阿姨直嚷著，分明是她先做了決定，「沒想到姊姊卻比我還早去。」

如今，康念慈阿姨的大體早已化成了一罈骨灰，由她的大弟康華叔叔小心翼翼地捧著。我們看著康華叔叔謹慎地將之放妥，虔誠行禮；又在同一個空間裡，到早在二十二年前「住」進來的康爺爺面前，再次行禮。

「以後我們家人都會到這裡來。」康華叔叔眼眶仍然泛著紅，但語意卻清明如藍天。

我陪著他們從儀式開始到結束。此時此刻，我的身分是一位家屬；但也有那麼幾分鐘，我在內心暗暗鬆了一口氣：幸好今日的我已經成為一名醫生，沒有辜負這一家人的期望。

我也感謝，當年的解剖學教授沒有把我當掉。

＊＊＊

短短一個學期的時間，我們得在大體老師身上破解所有看得見的人體密碼，了

在康念慈阿姨的追思典禮上，我與太太蘇桂英醫師（右一）以家屬的身分與康二阿姨（中）一起參與儀式。

解最枝微末節的人體構造，掌握這世界上最不可思議的上帝造物——至少是軀殼部分。

打從解剖學第一堂課開始，就是我們這群學生被宣告正式踏入醫生之路的第一年，並以最殘酷的方式讓我們明白，成為一名醫生原來並不如想像中的光耀；那是一個必須燃燒肝臟才得以成就的夢想，一天又一天，頂著蓬頭垢面。

解剖學的課業一如傳說，相當繁重；在大體老師身上，我們有學不完的事情。在沒有課的那些白日、午後以及夜晚，當其他科系同學正在計畫著要翹課、午睡、夜唱時，我們這群醫學系三年級的學生，往往只能在草草果腹之後，把自己埋入解剖教室裡，在這些靜默不語的老師身上劃下一刀又一刀，試圖從中探索學習。

雖然我們常暱稱康爺爺是「綠巨人」，但其實他並不高，體型偏瘦；然而，也因為如此，無論是皮膚、肌肉，又甚至是神經血管，康爺爺的組織器官從沒為難過我們，總是能很容易地分割出來。

一劃開、分割；此時此刻，我們深知自己已經無法抽身，否則就再也沒機會從一名船員升級成船長。在踏上解剖學這道甲板的那一刻，我們只能臣服於海浪的起伏波動，任由浪濤一次次地打在我們身上；不僅無法及時登陸抽身，更不可就此葬身海底。

當時我只顧著如何將船帆拉緊，免得失足在眾多組織中淹沒；怎麼也無法想像，我在學習過程中首次接收到的讚美字句，竟然會來自於解剖學。

自從升上高中之後，在學習上我就不再握有名為「幸運」的彩券，讚美藏身在高大的石牆後方，勾不著也看不到；即使是我投入最多心力、精力與時間的羽毛球與小提琴，也不曾從教練與老師口中得到過肯定。

小提琴老師知道我喜歡音樂，也願意挪移他人生大把的時間教導我；但每次在言談中，卻時常不經意地透露著我無法成為專業小提琴家的言語，總說：「音樂不懂沒關係，你就專心當醫生。」

帶著羽毛球社社員出賽前，我曾問教練：「就要去比賽了，教練你可以分析一下我有什麼缺點嗎？我希望自己別在場上發生。」

雖然身為社長，自認自己打得也還不錯；但我知道，身為一名選手，絕對有需要修正之處。只是，萬萬沒想到，教練給的回應竟能輕描淡寫地刻出名為「殘忍」的字句——

「講不完。」從頭到尾，他不僅沒有具體建議，還小氣地只願意給這三個字。

我只好厚著臉皮再問出一句：「教練，那至少我有什麼優點跟長處在球場上可以盡量發揮？」

「沒有。」

我啞口無言地站在那兒，任由整顆心不斷往下沉去，並且開始忌妒起無論做什麼事都能做出成績來的德國作曲家華格納（Wilhelm Richard Wagner，1813-1883）。

華格納在就學年齡時選擇進入教會學校念書，在文學、歷史與神學之中，尤其喜愛文學。他經常創作寫詩，是學校詩作比賽的常勝軍；甚至還因為喜歡莎士比亞的作品，在十四歲時就寫出了長達五幕的悲劇劇本。

課業之餘，他也喜歡彈鋼琴。雖然因為沒有積極練琴，因此導致琴藝不佳；但從未受過正規音樂訓練的他，最後只靠著自學就成為最著名的音樂家之一！

世上總會出現幾個被上帝所眷顧的孩子；偏偏我沒那麼幸運，人生總是充滿打擊，自認專精的事物都不被看好。

解剖告一段落之後，一如往常地，我先是來到康爺爺的照片前，告訴他今日的學習與收穫；一邊說著，一邊收拾著情緒。看著他的微笑，我時常想，對康爺爺而言，人生最大的打擊，是否就是在他確診罹患癌症的那天？

後來，我們在學習中明白，綠巨人康爺爺的膚色之所以會是黃綠色，是因為癌症轉移至肝臟的現象。在劃開他八十歲的肚皮之後，果不其然，也看見了比一般人還要大顆的肝臟。

我們在康爺爺身上自學，一如當年的華格納。他雖然沒有真正受過專業的音樂訓練，也沒有其他樂器演奏的經驗，但憑藉著上天賦予他的珍貴資質，靠著苦讀貝多芬的交響曲總譜，以自學的方式參透領悟，最終成為一位名留青史的作曲家。

我不知道自己在未來能不能成功地披上白袍；但是，在解剖課程上，我確實感受到一股無窮的力量，就像當年華格納在聽到貝多芬的《第七號交響曲》時，為那首曲子飽滿的熱情與進取精神的偉大而深深著迷，立志要成為一位作曲家。

若問，我為何能堅定志向？我想，那關鍵的《第七號交響曲》，無庸置疑的是來自解剖課結束前、教授給的一番讚美。

當時，課程已經要宣告全部結束，我們得細心地為無語良師那一道道為了讓我們學習、而無私地被我們劃開的皮膚一一縫合；教授先做一次給我們看，我們緊接著開始依樣畫葫蘆地進行縫合。

一針一線，我縫合的速度並不慢，但時時刻刻都相當謹慎與仔細。就在我縫合進入尾聲之際，老師的腳步走到我們這一組；他停了下來，彎腰細看，再抬起腰桿，用極其喜悅的聲線呼喚全班同學停下手邊工作，到我們這組來。

「你們看！張睿智把傷口縫得好平整，太漂亮了！」似乎是不願讓我的喜悅就此停頓，老師又說：「你們要看仔細，回去之後就照著他縫合的樣子跟著縫。」

這是我人生第一次的縫合，也是第一次被稱讚；即使最後老師並沒有因為縫合的漂亮而大大加分，但最終仍給我一個勉強及格的分數，大方地將那八學分送給我。

分數雖然並不拔尖，甚至只是低空飛過，但我內心卻已經開始湧現了名為「希望」的未來。也就在那一刻，我開始認真思考，無數次地對自己說：「或許，我真的可以變成一名醫生！」

畢業典禮上與方菊雄校長（左二）、郭博昭教授（左一）以及媽媽留下難得的合照。熬過七年不間斷的訓練與測驗，終於順利取得畢業證書。

心臟小學堂：

心臟罹癌機率

當細胞不正常的分裂，就有形成腫瘤的可能。然而，構成心臟的心肌細胞，打自人類出生之後就不會再進行分裂；而且，心臟主要是由結締組織所構成，結締組織本身不易形成癌症。因此，心肌細胞會發生原發性癌症的機率是非常罕見的。

另一方面，由於心臟中的血流速度相當快，所以其他器官的癌細胞若是跑到這裡來，也會被血液沖走。因此，心臟是癌細胞最難轉移的器官。

第三樂章

沒學好可是會死人的

醫生老師先來說幾句話（一）——

「你確定要來心臟外科？請你爸媽先跟我吃一頓飯吧！」

他要進科裡的時候，我就請他去跟他爸媽約時間，跟我坐下來好好吃一頓飯。他沒多問什麼，敲了個雙方都可以的空檔，選了一間餐廳，我們就這樣開啟了一場推心置腹的長談。

這個約，是為了避免日後他爸媽來找我把人搶回去。要訓練一位主治醫師我得花多少時間與心力？得背負多少次風險？我可不願白白浪費。

心臟外科從來就不是一個輕鬆的科室，每天三更半夜回家是常態。我深知，對一個剛踏入社會的孩子而言，他或許可以苦苦蹲忍，但他的父母可不見得。

「這是一個很辛苦的行業。」果不其然，我在他們細微的表情變化中，看見了不捨；但我沒有止住話題，只是換了個比方：「有人喜歡打麻將，經常禮拜五下班後就坐在牌桌前，打個幾天幾夜，直到要去上班前幾乎都沒有休息，不喜歡打麻將的人大概會覺得這個人真是個瘋子。」

面對我突如其來的舉例，他們不明所以。即使觀眾並不投入其中，我還是自顧自地繼續講著：「但是，對喜歡打麻將的人而言，他怎麼想？『不會啊！』他根本不感覺到累，因為他在做他喜歡的事情。」

舉例結束，我將話題切入重點：「喜歡就不會覺得辛苦！當你們看見他很辛苦的時候，千萬別怕他會因此而幹不下去；反而是要問他，是不是真的喜歡這一行。」

他爸媽有點捨不得，但是小睿也很堅持。雖然他還不是我們之中正式的一員，但我已經看見他身上散發出這個行業的人最奇怪的特質——打死不退。

其實，他要來，我們這些前輩、老師，何嘗不也肩負沉重的壓力？

他是我們第一位學生，前無來者。

「我要教出不一樣的學生。」心底湧現起這個念頭，並非平白無故。在這個行業待久了，我們看過太多；許多人做完總醫師並成功拿到執照後，不會開刀的人比比皆是，這些人在醫界裡無法與人競爭。運氣好的，碰到一位好老師慢慢帶著進步；但是，若因技術不好、在手術檯上出了大事，受到打擊後難免萌生退意。

「我一定要教出不一樣的學生！當他總醫師幹完，就可以下山，任我放他到哪家醫院都可以跟人家『車拚』！」我是這麼想的。倘若探究內心更深層的想法，那就更現實了：「我可不想浪費自己那麼多時間，結果教出一個未來不當醫生的人！」

要在一個行業裡發光發熱，必須擁有天分與敏銳度；可惜的是，這樣的恩典不是每個人都能擁有。有人一做十年，依舊庸碌度日；有人初入江湖，即如魚得水。小睿呢？他就是那條魚！他最先讓我在心底默默感到驚歎的，是他那雙巧手。

他一進來，就跟著我一起學著如何縫血管。

我只教他基本，其餘任由發揮。我始終不認為，學生應當將我習慣的手術步驟作為標準制式化的ＳＯＰ；縫寬縫細任憑感覺，只要不會漏，大抵無事；有人喜歡正著縫血管，有人喜歡反著縫，也都無礙。每個人的手大小不同，靈巧度不拘，硬是要求跟老師同一套方式、零點一公分都不能有出入，只會扼殺一名可能有天分的孩子。

一如小睿，在血管縫合上，他縫得寬，又敢偷針，前前後後縮短了不少手術時間；更重要的是，完全不會漏，那得要有相當的技術。那時他才進科裡不久，我雖然表面沉著，心底卻訝異不已；當他到住院醫師第五年時，我已經無法停止對他的讚歎了。

他縫得又好又快，幾乎可以說是我至今所見過數一數二的快手；縫合一條血管，五分鐘不到。

我常跟住院醫師講：「你一定要準備好你自己，不要總想著老師不會讓你上手術檯開刀；說不定，昨晚老師出去打麻將打贏了，心裡一高興，就突然讓你上去開了。」

但總有學生不聽勸；一上刀，很快就被惱怒地叫了下來。我很慶幸小睿不是；甚至到了最後，我們根本不想刷手、換手術衣了；因為我們堅信，即使沒有我們的協助，他也會完美地將手術完成。

好多個年頭，心臟外科只有三個人——我跟趙盛豐主任以及小睿；當時我們可謂拚命三郎，沒日沒夜地在醫院裡看診、手術以及照顧病人。小睿剛來時，我就對他說：「你別想什麼值班的問題，一年三百六十五天都是你值班。」

有人聽了，笑話著說：「好不容易來了一個學生，你跟趙主任不怕把人家嚇跑嗎？」

我總是回嘴應和：「他可幸福了！都沒有人跟他搶手術的機會。你看看，他白天只要專心在手術室開刀就好，其他科裡大小雜事都我跟主任替他處理，急診室也是我們在跑；他只要站上手術檯，我們就不會叫他下來。」

他在手術檯上的表現令我們驚豔；我們也深知，除了天分，他肯定也下過苦功，在我們沒看見的時間與空間裡，不斷地訓練自己。

後來我們才知道，他在醫學院的成績與水準其實只能勉強稱為普通，但我對此也只是嗤之以鼻。

我師承臺灣心臟外科權威魏崢醫師，無論是手術技巧或者是腦中根深柢固的想法。老師曾說，外科醫生跟三義的木雕師傅沒什麼不同，都是靠手工賺錢，再加上一點想像力。木雕師傅裡，有人成為發光發熱的朱銘，一件作品數百萬計；有人敲了老半天，卻還是只能賺手工錢。在外科裡，成績不代表一切；擁有一雙巧手以及滿腦子的想像力，才能有未來。

我一輩子就教出三個學生，都是學成後能獨當一面站上手術檯的孩子；除了其中一位最後轉了志願，其他兩個現在都還在我的身邊。這三個學生裡的第一位，就是小睿。

有時認真想來，我對小睿比對自己的孩子好。我的孩子都在北部讀書，留守花蓮的我陪伴他們的時間並不多；倒是，在無數個日夜循環裡，我總站在小睿身邊，教他開刀、陪他開刀、看著他開刀。

現在我自認沒什麼可以教他了，也希望他絕不要跟我一樣。我已經六十幾歲了，他才四十幾歲；若想法跟我這老人同步，豈不可悲？醫學又如何能進步？

——感謝他的父母至今仍沒有來向我要回孩子的張比嵩醫師

三之一——再給自己一次機會

「如果念醫學系的前四年，你不夠認真，那也沒辦法。」又有一批來自醫學系五年級的學生來到心臟外科見習；身為學長、老師，我能給他們的，只有苦口婆心：「前四年已經過去了，如果還想給自己一次翻轉的機會，就要好好把握現在。」

我說的話，像是朝會上校長口中那一成不變的老話：頂著烈日時，沒人願意聽；冷冽嚴寒的冷風中，也沒人願意撥開風聲、仔細探索其中意涵。

於是，我以不驚擾大家的方式，輕如微風地將話鋒改了個方向。

「你們有沒有曾經聽過一個學長在見習時所犯下的蠢事？」問題來臨，效果顯而易見，所有即將渙散四方的靈魂三秒內就重新聚攏。

這個效果我很滿意，於是自顧自地說起那個流傳數年、仍不願被世人所遺忘的故事——

醫學系五年級的學生在進入醫院見習的時候，由於沒有開醫囑的權限，對一切事務也都不熟悉，因此只能等著老師、護理人員給予指示；不僅沒有實際上的功能，還常因成群地聚集在一塊兒，私底下被不少醫院裡的前輩笑稱為路障。

某個男學生不甘成為路障，他想找些事情來做，即使只是些微不足道的小事都好。

「於是，有一回，他看見了護理站檯面上的那些資料夾，有的直直放著，有的倒著放，雜亂無章的擺法讓他靈機一動，心想，終於有事可以做了。」

在我的記憶中，那個學生朝著那些病歷走了過去，一本本地將倒放著的資料夾重新擺正。等他終於整理好了，退後一步看，乾淨整齊；「他好得意，覺得自己終於在那天裡做了一件有意義的事情。」

接著，他又回到了「路障」的身分，百般無聊地等著老師交派任務。

說時遲、那時快，一陣怒吼聲傳來：「是誰？這是誰做的？」

護理師難得拉高音量，並將每個音節都拉得老長，很難不被注意；那個學生也回頭看了，看見護理師站在那些剛剛被他排放整齊的病歷前，瞠起怒目，令人不禁心生畏懼。

他舉起手自首；但勇敢沒有替他帶來原諒，毫無意外地一陣罵就這樣劈里啪啦地往他頭上無情地淋下：「你為什麼要這麼做？我們還要一本本拿出來翻，看看哪一本是寫有醫囑而尚未執行的！已經夠忙了，我們還要浪費時間做這件事情！」

男學生這才知道，被放倒的病歷原來並不是忙中亂放，而是表示寫有醫囑、需要護理師協助執行；護理師在執行之後，才會將病歷擺正。

「所以說啊，不懂的事情千萬別隨便亂做。」故事至此，我除了叮嚀學生，也期待透過這段故事帶給他們一點希望；「你們可知道，這個故事中的學長是誰？」

現場有人聽過這個傳聞，有人則第一次聽見；但是，沒有人知道這個故事中的主角是現實中的哪一號人物。

我滿意地點點頭；都不知道，我才有發揮的空間啊！

「正是我。」我笑著看他們面面相覷的表情，青澀得可愛，有幾個人不禁噗哧地笑出聲來，但我並不覺得被冒犯。

可不是嗎？現任花蓮慈濟醫學中心外科部主任張睿智也曾犯過如此天大地大的傻事呢！

每個看似成功的人，若要回頭細細張望，肯定能在地上找到幾塊名為「羞恥」的回憶碎片。

進入醫院臨床實習前，慈濟為醫學生舉辦既溫馨又隆重的授袍儀式，身上的白袍象徵著榮耀與肩負生命的重責大任。

一如被譽為音樂神童的莫札特（Wolfgang Amadeus Mozart，1756-1791），後世談起他，大多是他的年輕有為以及創作的天分；他三歲就會彈鋼琴，五歲就能寫出一首協奏曲，十三歲就當上了樂團首席！

莫札特在音樂界堪稱不敗經典，但他仍非完人，在世的時候還是有幾個「獨特的小缺點」；例如，他總喜歡把「屁股」、「拉屎」掛在嘴邊。

他曾經在給母親的信中這麼寫著：「昨天國王放響屁，聞來像是酸蜂蜜；雖然不是爆大聲，卻是如此強有力！」

在後來留存下來的書信裡，莫札特的獨特幽默可不僅這一封，他甚至還創作了一首六聲部的卡農曲，大剌剌地命名為《舔我屁股》；演出時，由六部男聲輪流以優美的歌聲唱出：「舔我的屁股，把它舔得美妙又乾淨……」

莫札特在三十幾歲時就英年早逝；如果他也活到像我現在的四十幾歲年紀，再回顧過往自己的這些荒唐，是否會覺得羞赧？還是像我現在，會將之視為所謂「警惕」的寶貴經驗？

也是在那愚蠢犯傻的一年，我終於意識到，我的夢想原來是攸關人命的！雖然見習能做的事情不多，卻猶如走在花園旁的小徑，得以瞥見，花園的廣袤中，有因為被照料得當而得以逐漸昂首挺立的美妙姿態；也有病程走到最後，萎靡彎下腰來的枯黃枝葉。

我們分組輪著到各科見習，不懂的事情多如鴻毛，病歷的擺正與放倒只是多花些時間；但倘若我今天是在病人身上犯了錯，就可能導致不堪設想的後果。偶爾想偷懶的時候，我總不斷地提醒自己：「學不好，可是會死人的。」

護理師的一頓罵沒有給我留臉面，是那麼直接而無情。以往，在面對挫折的時候，我總會想把自己關起來，關在內心那個旁人都無法觸及的角落；但這一回，我卻決定效法莫札特。

莫札特在死前依舊努力地進行創作，他曾說：「我的舌頭已經嘗到了死亡的滋味，但我的創作還是樂觀的。」

他往生前所創作的作品，無論是《安魂曲》又或者是《魔笛》，觀眾聽來依舊能歡愉得如癡如醉，驗證莫札特所說：「即使在最恐懼的時候，音樂也不該讓人聽起來覺得痛苦。」

而此時此刻，當我在面對未來那麼多生命將握在我手裡的恐懼時，我決定將醫學視作莫札特的音樂，樂觀地用力學習，盡可能地通通學會。

＊＊＊

在莫札特的歌劇《魔笛》裡有一個靈魂人物，就是捕鳥人帕帕基諾。他只求一生安穩快樂、吃飽喝足；他有一副好歌喉，總能唱出愉快的歌曲，引人進入甜甜的夢鄉。

只是，在醫院見習與實習的那段期間，有好多次，我都會果斷地拒絕帕帕基諾的引誘，早早起床到醫院報到。

某日清晨五點，我獨自一人走進病房，鼓起勇氣與碰過幾次面的護理師前輩說出我的請求：「妳可以教我怎麼打針嗎？」

她正在忙，手裡的工作沒有停過，下班前的疲憊已經寫在臉上，因此沒好氣地拒絕我：「不要！我為什麼要教你？教你我還要花時間，我已經夠忙了。」

緊抓著她最後說的那句話，我知道眼下該如何加重說服的力道，於是鍥而不捨地遊說：「妳把我教會了，之後妳就不用做，因為我可以代替你們做。」

那雙急著想下班睡上一覺的迷濛眼神，突然之間有了神采；她忍著衝動，沒有立即給我肯定的回覆。思考了好一會兒，似乎覺得這是一樁不錯的交易，便默默地開始教我如何打針。

於是，六年級到急診部實習時，當同學們一窩蜂地去學著如何打針，我有了更充裕的時間學習急診的其他事務；同樣地，到了麻醉科，當其他同學正在學著如何打中央靜脈導管、練習插管時，我已早在其他科實習時就已經學會了。

一直以來，我都不認為到某一科只為了學會老師要你學會的事情；只要看到不會的，我就會想辦法把它學會。

慶幸的是，在臨床實作上，我總是做得比筆試還要得心應手。

只不過，學習路上哪有可能盡是甘霖？哪有可能一路順遂前行？到麻醉科實習的第一天，我就得罪了麻醉科主任。

「你們之前都 RUN 了什麼？」在我們見面的第一分鐘，他問了這個問題。

這個問題不難回答，也沒有陷阱，就怪我粗心大意，一句話就砸了整鍋粥：「我們之前已經 RUN 完內、外、婦、兒四大科了，現在準備 RUN 小科。」

主任一聽，怒髮衝冠，彷彿這樣還不夠嚇人，他抬起一隻手重重的往桌子大力一拍，拍出憤怒的同時，指著我破口大喊：「誰跟你說麻醉科是小科！」

「對不起……」我嚇得愣在原地，直愣愣地除了這三個字之外，又亡羊補牢地說了句：「我錯了，麻醉科是大科……」

主任不再理會我。但他並非心胸狹窄之人，那段時間的實習依舊將他所知的盡可能地告訴我；我不敢再得罪他，也不願放棄任何學習的機會。當實習進入尾聲，即將到別的科學習時，主任又找上我。

「你很認真。」對我而言，他說的四個字裡，蘊藏著掌聲如雷；接下來再開口，更是一份難能可貴的殊榮：「以後，要不要來麻醉科？」

此時此刻，我不能重蹈覆轍，我該感激涕零地點點頭，告訴他，這是我的榮幸；可是，心裡的聲音正不斷高唱著真正的想法；我沒有忽視心裡的聲音，還是用極其謹慎的用詞，回絕了他——

「主任，很謝謝你的照顧。」我將雙眼一抬，直直望進他的眼裡，期待他能看見我的真誠沒有半絲不敬：

「但我不會到麻醉科！以後我想走外科，心臟外科！」

心臟小學堂：胃心症候群

當胃部疾病造成胃脹氣並向上壓迫到心臟時，就會產生心律不整、心臟疼痛等狀況，此即胃心症候群。然而，此症狀與冠狀動脈心臟病極為相似；因此，若胸部不適就醫時，必須要將所有的病症詳細告訴醫師，以利醫師判斷。

一般來說，胃心症候群患者只要藉由打嗝或是放屁等方式將氣體排出，就會感到舒適許多。但是，後續仍必須詳加檢查，以找出造成胃部脹氣的真正病因。

三之二——非心臟外科不可

我就像是李斯特（Liszt Ferenc，1811-1886）的那群超級粉絲，為了心中的偶像，一心一意為之瘋狂。

李斯特的傳記作家奧利弗．西爾麥斯（Oliver Hilmes）博士曾生動地，描述李斯特每回演出時，現場的躁動有多麼地令人印象深刻。

「曾有婦女不顧自己家族的聲譽以及維持多年的良好教養，一把抓起李斯特抽了一半扔掉的香菸，就這麼抽了起來；不會抽菸的她即使不斷地乾咳，卻依然陶醉其中。」

「現場的男爵夫人與伯爵夫人們都陷入了瘋狂，只為了爭奪李斯特用過的杯子以及方巾，最後甚至還互相撕扯彼此的頭髮！」

李斯特之所以令人為之瘋狂，除了他的才華，還有他那風華絕代的鋼琴技巧；他讓一雙修長的手指，優雅地在鋼琴琴鍵的黑與白之間跳著舞。除此之外，他在演奏的時候，還會甩動一頭及肩長髮，模樣相當瀟灑。

這樣的李斯特深受歡迎，甚至連國王都還要出讓宮殿，只為了能讓他舉辦音樂會。

當時的報紙媒體，稱這股巨星般的風潮為「李斯特狂熱」。而對於大學即將畢業的我而言，深深為之瘋狂的「李斯特」，不是一代偉人，也非國際巨星，而是心臟外科。

六月一畢業，還沒參加醫師國考的我，就已經自告奮勇地到花蓮慈濟醫院外科部應徵，並且表明我想進心臟外科。當時的外科部主任是現今臺北慈濟醫院的張耀仁副院長；他知道我要去應徵，很大方地給我這個連醫師執照都還沒拿到的醫學生一小段珍貴的時間進行面試。

我曾經想像過，就業的面試會是什麼樣子？或許也會像大學推薦甄試那樣，有好幾道關卡、好幾位面試官輪番上陣。但是，花蓮慈濟醫院外科部的面試卻跟想像中的數十種狀況截然不同。

面試官只有一位，就是外科部的張耀仁副院長；而他給的問題，出乎我意料之外，前後總計才三個問題。

在他面前，我小心翼翼地避免非必要的肢體動作，以免顯得不夠莊重。他開口了，不免俗地問了一個在我預料之中、並且合情合理的問題：「你為什麼要做外科？」

這個問題不難回答，我只要表明自己一路學習的歷程與感動即可。「我想動手。」我說，在實習的那幾年，在各科間學習，收穫多少都有，但唯獨在心臟外科所學的一切，直達我心。一名心臟外科醫師的養成，就像廚師，從洗菜、切菜、洗米煮飯開始，漸漸地才被允許執掌炸物鍋爐；一切上手之後，才有機會升至二廚。我告訴他：「我喜歡動手，也想先學著動手。」

他點點頭，速度不徐不疾，既沒帶給我壓迫感，也沒顯現出令人興奮的讚許，第一個問題就在此宣告結束。

接下來將要提出第二個問題，我將自己的背脊直直挺立，準備應戰；沒想到，迎來的卻是：「八月一號上班可不可以？」

這個跳躍的幅度實在太快、太廣；就像被譽為是鋼琴之神的李斯特，在兒時跟著老師徹爾尼（Carl Czerny，1791-1857）學彈琴的時候，被這位一代大師嫌棄地如此評論：「李斯特的演奏真的是毫無規律，粗糙又混亂，還喜歡即興演奏，真的是一團糟，完全沒有和聲的概念。」

誰能想到，這一度要讓徹爾尼差點放棄收他為徒的李斯特，後來竟能在鋼琴演奏上讓自己成為一代巨星，發光發熱。

這樣天差地遠的不可思議，在李斯特的人生中整整用了數十個年頭才達成；但在我那場面試中，卻僅用了一句話就完成同等令人驚訝的效果。一時之間，我措手不及，只能憨傻地點點頭，了無新意地說：「可以。」

張耀仁副院長這回的反應終於有了情緒，他露出滿意的笑容，緊接著抛出他第三個、也是最後一個問題：「你還有沒有問題？」

我這次的表現沒有比回答第二個問題更絕妙，只是像個機器人般，被動地搖搖頭，說了句：「沒有。」

面試到此告一段落，但他還不急著請我出去。稍稍調整椅子的角度，將自己的手伸往桌上的分機，輕鬆地按下幾個按鍵；不一會兒，電話接通了，電話那一頭的接聽者，正是心臟外科主任趙盛豐；「老趙，我張耀仁，這裡有個學生說要去你們心臟外科。」

在心臟外科實習過一段時間，我知道這個科極為缺人，醫師陣容長久以來都不超過三名，當時更只剩下趙盛豐主任以及張比嵩醫師兩個人而已。

其實，缺乏人手的不僅心臟外科，幾乎整個外科部都缺人。據說，最慘澹的是在民國七十七年左右，當時整個外科部只有三名醫師，其中兩名是心臟胸腔外科醫師，一位是整形外科醫師；除了神經外科以及骨科手術之外，他們幾乎包辦了整間醫院的所有外科手術。

我暗自以為，趙盛豐主任聽到我選擇心臟外科，即使不至於歡天喜地，至少會在第一時間張開雙臂歡迎；然而，他的反應卻出乎意料。

電話那頭，趙盛豐主任維持他一貫的酷樣，簡短地回了句：「太早，再說。」確認張耀仁副院長沒其他要交代的事情之後，就把電話掛了。

寡言，是趙盛豐主任一貫的風格；熟知他的人，大多都能為他簡短的話語補充些文字，讓整句話聽起來更完整。他那句「太早，再說」，完整的語意是這樣的——他才剛畢業，現在就說要進心臟外科還「太早」；之後選科的時候，如果他還是堅持要到心臟外科，到時候「再說」吧！

如果我還是當年高三那個脆弱的我，想必已經被這簡短的幾個字凍裂；但如今我已蛻變，聽到這句話，內心堅毅如冰。

心臟外科，我是去定了！

根據規定，在住院醫師第一年與第二年的訓練是不分科的，必須要在每一科輪流待上一段時間，鍛鍊一般臨床照護能力；到了住院醫師第三年才能選擇科別，我也才能如願進到心臟外科專精學習。

當我進入心臟外科時，依然只有兩名醫生，理所當然也都是我的老師，一位是趙盛豐主任，一位是張比嵩醫師。

相較於趙盛豐老師的寡言，張比嵩老師的話多上許多；擅長比喻的他，常常一開口，話就停不下來。要進入心臟外科之前，有一天他遇見我，突如其來地就丟出一個邀約：「找一天，約你爸媽跟我吃頓飯吧！」

這個邀約對我而言就像是一個巨大的謎團，有各種想像，卻難以找出正確的解答，但我不敢多問些什麼。我雖然有著天生反骨的個性，但在職場上，老師說什麼，我不敢有二心，照辦就是了。

飯桌上，一派祥和，張比嵩老師不談理想，不說未來，只說著打麻將的故事。

他說，在牌桌上有兩種人，一種人不喜歡打麻將，坐一下子就覺得受不了，想方設法要逃離牌桌。另一種人則是喜歡打牌的人，就算讓他打個三天三夜也不會覺得累；為什麼？理由很簡單，他說：「因為他喜歡，所以就不覺得累。」

「所以，張媽媽，妳不要擔心；心臟外科很累，但你兒子既然喜歡，他就不會覺得累。」繞了一圈，原來張比嵩老師要說的是這個。

那頓飯在表面愉悅的氣氛下結束。回程路上，爸媽說著，老師人很好，但也不諱言地表示：「他似乎有點怪怪的……」

然而，追根究柢，他們到底是聽進了張比嵩老師的話；不過，不是那句「你兒子喜歡就不累」，而是心臟外科有多麼操忙。

爸媽希望我能選擇其他科別，別自顧自地一頭栽入煉獄深淵。

「外科有那麼多科別，也不見得要走心臟外科。」他們搜尋既有認知裡的外科科別，一如皮膚科、眼科；「對了，之前不是說整形外科主任也問你要不要去他們那一科嗎？整形外科也不錯。」

「不要。」我抱持著耐心，一一回絕各種選擇，「我就是要心臟外科。」

除了見習與實習時的體驗令我充滿動力，在學校一片慘綠的成績裡，也唯獨在學習到心臟相關課程時，我才能考到勉強入目的成績。我認為天意如此，成為一名心臟外科醫師，是我必然要走上的道路；無論這條路徑充滿多少荊棘，無論我是否

加護病房餐會上，張比嵩醫師（前排右二）笑容燦爛，跟著大家一起比出勝利手勢，可見他的親和力。

得日夜拿起劈刀，揮汗前進，我都覺得自己能承受得住。

對我而言，心臟外科就是我的李斯特；只要能搶到他抽過一半的菸、杯子以及方巾，我願意放棄各種迷人精巧的手工藝品。

心臟小學堂：

抽菸增加心血管疾病死亡率

抽菸最直接影響的器官就是肺部；此外，香菸中的尼古丁以及抽菸時產生的一氧化碳還會使動脈硬化，並且讓血管失去彈性，更甚者血液也會變得黏稠；因此，很容易就會造成心肌梗塞。抽菸者的心血管疾病死亡風險高達二至七倍，不可不慎！

三之三——兩個「爸爸」

我在當住院醫師的那幾年，心臟外科裡始終就只有一名住院醫師，名為張睿智，也就是我本人。

到心臟外科，是我從一而終的選擇。很多人說，我是選擇一條通往自殺的道路；如果「自願性的過勞死」也能被視為自殺的一種，那麼我確實是在走向這條黑暗之路沒錯。

我是花蓮慈濟醫院心臟外科唯一一位、也是第一位住院醫師，前無古人；後面的「來者」，直到我升上主治醫師之後才開始有的。

在這裡，我有兩位老師，在我眼裡是名符其實的巨人。趙盛豐醫師身高一百八十公分，張比嵩醫師更逼近一百九十公分，是我所能依賴、仰望以及成長的寄託，他們將會是引領我成為真正心臟外科醫師的前輩與老師。

法國作曲家白遼士（Hector Louis Berlioz，1803-1869）曾在他的回憶錄中，表示父親啟蒙尤深：「他是我語言、文學、歷史、地理、甚至是音樂的老師。」

身為一個外科醫生，為了鼓勵白遼士走上學醫一途，父親總是以學習樂器做為犒賞；因此，白遼士人生中第一堂正式的音樂課，是由父親親自教授的哨笛課。看見兒子有音樂上的天賦，他甚至還請來音樂老師，並且自己騰出時間，教兒子讀譜與吹奏長笛。

對我而言，趙盛豐老師與張比嵩老師就是這樣的長者。他們開啟了我對心臟外科的想像，也一路手把手地帶著我，成為真正的外科醫師；之於我而言，他們就像是醫院裡的兩座山，也是兩位嚴厲的父親。

他們兩人，個性截然不同，卻又在許多方面極其相似。例如，他們始終不知道，住院醫師有休假，也不知道住院醫師會累。

還沒進科裡時，張比嵩老師就以最輕鬆無害的態度，一字一句地輕聲撂下狠話：「你不用擔心一個月值幾天班；因為，一年三百六十五天，天天都是你值班。」

而一向以寡言著稱、幾乎不太講話的趙盛豐主任，起初對我說過最多話的一次，就是向我表明，從今往後我的人生排序有三：「第一個是病人，第二個是家人，

與兩位「爸爸」張比嵩醫師及趙盛豐醫師難得的自拍照。

第三個才是你自己。」

當下我就明白，只要在這裡的一天，凡事我都必須以病人為優先，再者才是我的家人；至於我自己，就像那朵飄在天空中的浮雲，任風輕輕帶走，不留下一片雲彩。

他們說到做到。

每一日的白天，有刀的時候，我就輪流跟在他們身邊擔任助手；沒有手術的時候，就到病房照顧病人。而到了晚上，在午夜鐘聲響起前，我還得固定跟著他們到加護病房裡探視病人；病人的狀況如果不錯，那晚我就能回家稍微睡上幾個鐘頭；但如果我感覺加護病房裡的患者狀況不好，我就會睡在醫院。因為我的沒安全感，總會自己嚇唬自己，覺得病人隨時都會有狀況發生；因此，睡在醫院值班室裡的日子，幾乎是遠遠超過能夠回家的天數。

有時候，我難得有空休假，還得心驚膽戰地隨時留意老師們有沒有來電話；能寧靜一整日，幾乎是不可能的。

有一次，我早早就安排要回宜蘭。到了家門口，車才剛停好，手機就發出刺耳的鈴聲。

「張小智。」是張比嵩老師，「你在哪裡？」

「該死！」我在心裡暗暗的咒罵著自己，我只記得向趙盛豐主任請假，但忘了跟張比嵩老師說。

在心中罵了自己一頓後，調整情緒，我恭敬順從地回答：「老師，我在宜蘭。」

「你在宜蘭幹嘛？」

「回家。」

「你回宜蘭幹嘛？」

我深知，要結束這個鬼打牆的問與答，就必須要讓回答的方向稍稍轉個彎；「不好意思，請問老師有什麼事嗎？」

「我現在有個主動脈剝離的手術。」張比嵩老師對我下達最直接的命令，「你現在馬上給我回來。」

聽到這句命令時，剛熄火的車子引擎還熱著，我母親的眼神也開始閃爍著發狂的前奏，就有如白遼士的母親知道他決定放棄從醫時的反應，或許有過之而無不及。

得知白遼士中斷上了一半的醫學課程，決心投身音樂領域時，他的母親氣瘋了，不顧形象地破口大罵：「你竟敢這樣玷汙我家族的名字、丟光父親與母親的顏面，那你就給我滾！滾到巴黎的貧民窟去！從此之後你不再是我兒子！」

無論白遼士如何苦苦乞求，母親都不願再與他對話。白遼士在回憶錄寫著：「母親不跟我告別，不僅一句話都不說，甚至也不看我，我只好帶著她的詛咒離去。」

跟白遼士不同的是，我是在前往醫學的路上，慘遭母親一頓臭罵。

當時我已經好久沒回家了；原本盼著我回家共享天倫之樂的母親，看著我連家門都還沒踏入，又要起身回醫院時，一條腸子通到底的她，氣得劈里啪啦連聲罵道：「你有沒有家庭？你有沒有爸爸媽媽？你知道什麼叫做孝順嗎？心裡只有工作、只有老師，難道就沒有我這個媽媽嗎？」

她就這樣站在家門前罵了我一頓，也把兩位老師罵了一頓；之後沒有跟我道別，沒有叫我開車要小心，只是用力地甩過頭，走入那個我原本也要進入的房子裡。

那天，我就帶著母親的憤怒，踩下油門，一路流著淚回花蓮。

淚水滴在握著方向盤的手臂上，一滴接著一滴，腳下踩油門的幅度也愈來愈重。

雖然才相處一段不算久的日子，但我大致上已經能拿捏兩位老師口中話語的分寸。

例如，趙盛豐主任若說「不急」，絕對不要相信他。

例如，有一回，他打來電話，一如往常酷酷地交代：「那一床幫他放個引流管，不急。」

當時我傻傻地「不急」著去處理；想不到，才過一會兒，他就出現在我面前，開口就問：「你放好了嗎？」

我抬起眼看著高大的他，只敢在心裡驚呼：「你不是說不急嗎？」

他所謂的「不急」，就是馬上辦；而他若說要「現在」做，就是要你即刻完成。而張比嵩老師如果要我立即處理，則意味著這是樁緊急事件，必須現在、立刻、馬上、分秒不差地趕緊執行！

我邊開車，任由淚水滑落，難受地想著，自己已經很久沒回家了，還要被媽媽這樣痛罵……雪上加霜的是，前方的警察奮力地揮動橘色的指揮棒，要我停下車來。

我趕緊將車速減緩，並趕在搖下車窗之前將淚水抹乾，試圖為自己保存尊嚴。

「這位先生，你知道你超速了嗎？」警察機械式地說：「行照跟駕照。」

我手往旁邊的包翻找，掏出的卻不是警察要的兩張證照，而是我的識別證；

「不好意思，因為我要趕回去開刀。」

可喜的是，聽到我要回醫院，這一回我收到的反應是一句祝福：「那你快走吧！路上小心。」

＊＊＊

兩位老師對我說的每一句話，對我而言猶如一道道的聖旨。我自己曾有一陣子因為過於勞累，造成頸部跟腰部一度受傷，甚至還得帶著護頸上班。即使如此，我還是樂在其中。

或許我沒有白遼士的天資聰穎。沒有受過專業訓練的他，憑著自學與家教，在十二歲的時候就能寫出一些供鄉里演奏的室內樂曲。然而，可以肯定的是，我擁有白遼士少年時不曾有過的支持。雖然白遼士的父親讓他學音樂，但始終不願意讓他接觸鋼琴。追根究柢，他還是希望白遼士可以成為醫生，而非作曲家；對他而言，鋼琴正所謂是「作曲家的樂器」。

而我卻在一進入心臟外科的時候，就有幸學到兩種「作曲家的樂器」。趙盛豐老師師承臺大兩大「開心」泰斗洪啟仁、朱樹勳，張比嵩老師則是師承振興醫院心臟外科權威魏崢，他們兩人的開刀手法截然不同；相同的是，二者都是臺灣數一數二的技巧。能一次就學習到兩種不同風格、但都是頂尖的開刀手法，說我比白遼士幸運，我想一點也不為過。

只是，要成為這兩位老師的學生，多少我都得付出代價。比如說，我得確認自己終生都不會買到手機界的「機王」。

有一次，我手機壞掉了，便趁著不必值班、病人無恙的夜晚，抓緊時間到手機行買一支新手機，回家後再花十分鐘的時間確認與學習使用方式後，才安心地躺下入睡。

一覺醒來，一如往常地我習慣先看一眼手機，卻發現手機螢幕沒有一點動靜。在那個所有手機都還有按鍵的年代，我隨意按了幾個鍵，就是沒有任何反應。所有的現象都指示著，這支才剛買一個晚上的手機顯然是當機了。

在等待重新開機的那一個短暫的時間裡，我的心開始隱隱發出忐忑不安的訊息……一開機，果不其然，兩條語音訊息正躺在那兒等著嘲笑我。我堅強地打開第一個語音，沒有聲音；再忍住發抖地打開第二條語音，依舊沒有任何人聲，只有吵雜的背景音；那聲音我不會錯認，是醫院。

於是我倏然起身，用極快的速度奔向醫院，找尋我兩位老師。第一個找到的是趙盛豐老師，他正站在病人的床邊，一見我劈頭就問：「手機為什麼沒有接？」

雖然這意味著，我不必再去找張比嵩老師，但沒有讓我接下來所面對的時刻變得稍微輕鬆些；「報告老師，我的手機當機了。」

他只是看著我，似乎覺得這個理由像極了上班族遲到慣用的「路上塞車」這類爛藉口；所幸，他只是深呼吸一口氣，下達命令：「不可以再發生。」

何謂背脊發涼，我已經深切地感受到；那股又刺又緊縮的滋味，此生我都不想再承受一次。

那天把所有的刀都開完之後，我馬上趕往手機行。一早的驚恐已讓我虛脫無力，連多說兩句責備的話都沒力氣，只是一臉哀怨地看著手機行老闆，苦苦地說：

「老闆，你賣給我一支『機王』，真的是害死我了……」

直至今日，十幾年過去了，我早已不是那個必須要隨 call 隨到的住院醫師；不過，依舊改不了從住院醫師時所留下的習慣——半夜必定起床察看手機！

醫生老師先來說幾句話（二）——

「想上我的刀？你想都別想！」

我最早對張睿智這個人有印象的時候，是二〇〇一年。那時候他只是一個七年級的實習生，就跑來找我說，他未來想到我們心臟外科。當時我雖然沒多說些什麼，心裡想的卻是：「這個人是腦袋壞掉嗎？」

一來，心臟外科很辛苦；再者，當時我們才剛開始申請要做心臟外科醫師的訓練中心，卻離通過的法定條件還有一段距離。

訓練醫院的條件，一是必須要有兩名專科醫師；再者，每年都得達到一百例的手術量；當時有我跟比嵩醫師一起努力，不久後我們就達到一百例的手術量。然而，即使如此，對於是否有能力進行訓練，我們卻陷入對自己的質疑；畢竟，在這方面，我們可是一點經驗也沒有。

我跟比嵩醫師都是來自比較大的訓練醫院。以我為例，早年在臺大醫院訓練時，當時心臟外科一年至少有五、六百檯刀的數量；這樣的量在訓練上，就能讓住院醫師不斷累積經驗。花蓮慈濟醫院相對於臺大醫院，規模小，手術量拚了全力也只有一百例，我們真的有辦法訓練出一位合格且獨立自主的心臟外科醫師嗎？

我常鴕鳥地想著：「他現在才七年級，或許是說說而已。反正，等他來了再說；他若不來，我們也就沒事了。」

結果，他真的來了。雖然不特別覺得出乎意料，卻也帶來名為「意外」的衝擊。他當住院醫師的前兩年，必須到外科的每一個科別去接受訓練與學習，當然也會回到心臟外科來。那兩年，我們嘴上雖然不說，但眼睛不時跟著他跑；無論他在別科，或是在科裡，他的能力、他的表現我們盡收眼底，看起來是相當積極的。

等到他住院醫師第三年，終於回到了心臟外科；我們便依循自己過往被訓練時的模式，一步步地教他，一步步地放手。

在他還是第一年與第二年住院醫師時，我們會嘗試讓他從皮膚劃開開始做起，緊接著再將胸骨鋸開；等到鋸開並止完血後，他的工作就告一段落了。接下來就必須退下手術檯的主刀者位置，由我們接力進行最重要也最攸關性命的後續動作。

到了住院醫師第三年，我們則讓他嘗試在止完血之後繼續進行心包膜打開的動作；當心臟露出來，緊接著還要進行動脈接管、右心房接管，一步步將體外循環建立起來。

一路來到住院醫師第四年，我們會在進行冠狀動脈心臟病手術時，嘗試讓他取出左邊的內乳動脈，以便讓我們進行後續在心臟上接血管的動作；到了這個階段，不少學生會開始卡關。起初，很少有人能將內乳動脈取得完全；他們必須花上好長一段時間，慢慢地、仔細地將內乳動脈取下，一次、兩次、數十次之後，才有合格的熟練度。

我知道，他已經熟悉了整個手術的步驟，緊接著就可以讓他進行心臟的主要部分……可是我不敢，也不確定；只要進到心臟的部分，我就會要他下來，自己站上去，親力親為。

我遲遲不敢放手，也不知道什麼時機點才是最正確的時刻；不能危害到病人，是我們的基本堅持。

「他真的能接心臟上的血管嗎？」儘管比嵩醫師一再向我保證，張睿智在動靜脈廔管的縫合表現讓他相當驚艷，但我仍不禁想：「無論如何，心臟的血管都比手上的血管還要小很多，最細僅一點五毫米，頂多不超過兩毫米，他真的可以嗎？」

我始終不敢放手，即使張比嵩醫師已經大膽地在自己的手術中讓他嘗試過了。

「他表現得不錯，我覺得他真的可以，你就試試看讓他做一次吧！」

我依然在心中苦苦掙扎。「在心臟接血管，等於是在峭壁上做事情。心臟血管可是要把心臟翻起來，在後面比較深的位置接血管，不像在手上接血管是處理表面的血管；它必須要倒過來接，而且每條血管要接的角度又不一樣，要順利接上並在接回主動脈的時候不打結，這都考驗著技術。張睿智他真的可以嗎？」

我不敢讓他嘗試；但另一方面，我也深知，我若沒有繼續推著他前進，他就不可能成為一位合格醫師。

我把他叫了過來，說出口的卻不是他心中所希望的：「我跟你說，比嵩給你開是他的事，我是不會給你開的，你太年輕了。」

看著他摸摸鼻子離去的背影，我又開始糾結了……不久後，比嵩醫師又來告訴我，這次他選了另一個狀況不錯的病人給他開，並下結論說：「他真的可以。」

我知道，是時候該放手了。也從那個時候開始，他開始飛快地累積經驗，我們給他大量的手術機會，也給他大量的工作時間；自始至終，他都未曾有過抱怨，只是不斷地埋頭苦幹。

「你們不怕把他嚇跑啊？」這句話，很多人問過比嵩醫師，當然也問過我。而我跟比嵩醫師的默契在此時此刻，緊緊相連地貼合。

「他會留下來就是會留下來，怕什麼？」想起自己成為獨當一面的醫師，這一路走來的訓練過程，也沒比他現在好過一些。我深知，住院醫師受工時保護；但另一方面，若沒有這樣嚴格且謹慎的訓練與學習，訓練成效無可避免會大打折扣。當他成為一名主治醫師時，這樣的保護究竟是在愛他，還是在害病人？

我跟比嵩醫師都有個習慣，開完刀之後，一定得等到病人一切穩定之後才會離開醫院回家。即使回到家了，每天睡覺前也一定會再回醫院，看看病人一切都好，和他們聊上幾句話，確認一切沒問題，才能放心地再度返家，上床睡覺。

當然，如果病人狀況不好，那晚我們就要留下過夜。

這點我得稱讚他；他傳承著我們的精神，至今依舊如此。不過，稱讚也只到此為止；當一位醫生從來就不是一件簡單的工作，而且還是一位心臟外科醫師。

——自認張睿智跟我在各方面都滿像的趙盛豐醫師

三之四——站上手術檯

「如果我們還沒達標，住院醫師第三年開始的訓練，就送你去臺大吧！」

在我畢業的那一年，花蓮慈濟醫院心臟外科每年執行的手術不超過一百例；根據法令，是無法成為專科醫師訓練醫院的。知道我想走心臟外科，出身臺大的趙盛豐老師曾這麼允諾過我，屆時會替我做好安排。

「如果你想要有其他選擇，我也可以安排你去振興。」張比嵩老師接著開口。

但是，就在我當上住院醫師第一年，他們達標了，有資格可以訓練心臟外科專科醫師；只是，從沒收過學生的他們，對自己是不是能掌握訓練進程還有些捉摸不定。於是，他們又告訴我：「也不知道我們能不能真的把你訓練起來，不如你第四年就去臺大吧！」

到了第四年，又說第五年要送我去臺大……但直到最後，我始終留在花蓮慈濟醫院，直至今日從沒受過臺大的訓練；每回去臺大，都是為了開會。

兩位老師在教學的過程中，點滴地拼湊出訓練架構與脈絡，也逐步積累出教學的自信，因此我得以被留下來，跟在他們身邊接受一脈傳承的訓練。沒有去臺大，我不曾覺得可惜，反而深信這是我人生下半場的幸運開端。

很多時候，我也不禁會私心地想著，希望能成為老師的驕傲；如果他們是音樂史上最偉大的貝多芬，我多麼冀盼他們會覺得我就是他們的徹爾尼（Carl Czerny，1791-1857）。

徹爾尼自小就展現他對音樂的極佳天賦，同樣也是鋼琴家的父親喜出望外，並且想方設法要為他找來最知名的音樂家作為家教老師；最後，他找到了貝多芬。貝多芬非常忙碌，對於收學生這件事情很是挑剔；看不上眼的孩子，即使有豐厚的費用，他也是會婉拒的。

徹爾尼首次到貝多芬家接受測驗時，貝多芬聽了徹爾尼的現場演奏之後，對徹爾尼的父親說：「你兒子相當有天分，非常有資格當我的學生。」

語畢，又補充叮嚀：「之後上課，一個禮拜要記得多送來幾次。」

我希望兩位老師也能以我為榮；也希望自己能成為一名像他們一般強悍與溫柔兼具的心臟外科醫生，在手術檯上用自己的一雙巧手，從死神手上把病人溫柔地接回來。

要習得兩位老師的一身好功夫，我必須得加倍努力。我終究不是徹爾尼，論天賦還是差得遠，勤能補拙是我唯一能追得上他們的方法。

起初，我先跟著張比嵩老師學習如何縫合血管。血管外科大部分手術都是針對尿毒症患者做一些動靜脈廔管，以做為洗腎用途。一如徹爾尼的曲子被認為是鋼琴基礎者的武功祕笈，是入門且大增功力的必修課程，縫合周邊血管也正好是訓練心臟外科醫師最好的入門手術。

張比嵩醫師花了許多時間帶著我做了一次又一次的血管縫合手術。我常看著他的一雙手，驚歎怎能如此又大又漂亮，那雙手雖然巨大，在縫血管的時候卻不顯笨拙；反之，更像是優雅地跳舞。

低下頭看著自己的一雙手，即使極盡全力地撐大，跟老師一比還是差得遠了。

我和張比嵩老師的手不僅大小不同，能夠伸展與翻轉的角度、幅度都不一樣。我不可能跟他一模一樣，老師也不求我跟他的做法如出一轍，只教我基本功：「我不會強迫你一定得照我的方法，比如一定要縫多寬，或一定要縫多細；每個人的feeling不同，你只要縫完後不會漏就好。」

張比嵩醫師
師承魏崢教
授（右），
我也因此承
習許多相關
手術技巧。

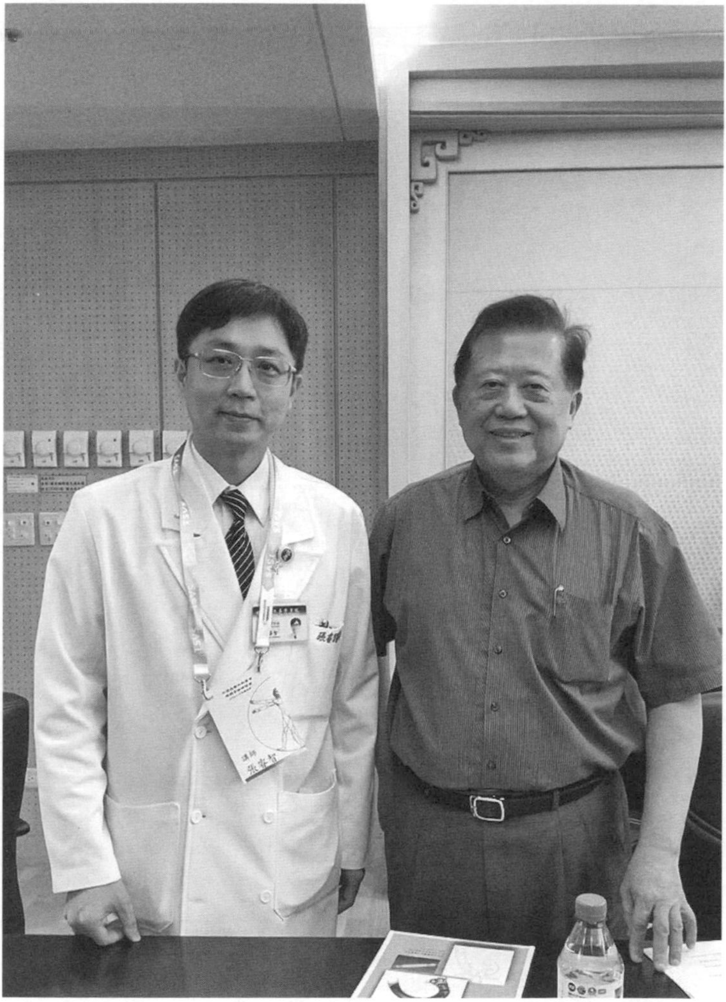

他說，有些老師會硬逼著學生縫的粗細、寬度都得和自己一模一樣，「這反而是在限制學生天生擁有的才能。」

「縫寬一點，會被罵；縫窄一些，也會被念。」他搖搖頭，一派瀟灑地說，每個人的手大小不一樣，靈巧度也不同，「所以你要求他幹麼，他死也沒辦法，變成永遠也學不會；因此，我教學生絕不會這麼要求。」

記得當小徹爾尼到貝多芬的鋼琴前準備接受面試時，貝多芬要他隨意彈一首曲子來聽聽。當時，徹爾尼沒有選擇貝多芬的創作曲來巴結這位老師，反而彈奏了莫札特的《C大調鋼琴協奏曲》；意外的是，貝多芬不僅沒有惱怒，甚至在徹爾尼彈出第一個和弦之後，他開始聚精會神，並且站到徹爾尼身邊，替他搭上管弦樂團的部分。

張比嵩老師給我的教學，一如貝多芬對徹爾尼，無需巴結，只要盡情發揮。

當時，為了學習縫血管，我開始不斷練習，也不斷想像，一度甚至走火入魔，只要眼前有一小片色調一致的背景，無論是牆壁、白板或者是別人身上那套素淨的白襯衫，縫合畫面就會不斷地跳出來。

那段時間，我在跟別人說話時，常都無法聚精會神；因為，縫合的畫面可能會出現在對方的衣服上，或是臉上那片寬闊的額頭。

「走開！」我常得在心裡與自己對話，用無形的手將對方額頭上的縫血管畫面揮開，但往往徒勞無功。

然而，也因為那些畫面早已刻進我生活中每一段片刻，每當我站上手術檯開始為病人縫合血管時，總能行雲流水地完成老師交辦的工作。

給我開人生第一檯心臟手術的，是看著我在縫血管中不斷精進成長的張比嵩老師。

「一通萬通，一點通就萬點通。」在上刀之前，他告訴我，血管只要縫得順，縫多就會有信心，「只是換到心臟而已。」

他說得很輕鬆，但我難免會緊張；畢竟，心臟是掌管生命的中樞，一出錯可能造成無法挽回的後果。但張比嵩老師選擇信任我，他鼓勵我的話，很有他平日裡玩世不恭的風格：「心臟血管很小？手的血管也很小啊！縫得好為什麼會死？」

儘管如此，他還是謹慎挑選第一檯要給我主刀的患者；他狀況很不錯，不是什麼特別嚴重、難照顧的患者。

第一次站上心臟手術主刀者的位置，我理應會緊張，就如每次面對大考前，將我緊緊束縛的忐忑不安始終會出現。不過，意外的是，站在那個位置上，猶如有金鐘罩頂，忐忑不安、糾結、害怕等眾多負面情緒進不了我的身，也無法滲入我的心。從劃開皮膚開始，我就知道，我會一如往常在縫手腳的血管那樣，穩妥地將手術完成。

手術結束後，我對自己的表現滿心歡喜；那一刻開始，我便體會到，雖然我不擅長讀書，但我絕對是一個會動手術的人，彷彿那就是我的天命。

張比嵩老師沒對我說什麼，但他跑去找趙盛豐老師，告訴他：「我給張睿智做了一檯心臟手術，做得還不錯，順利結束了。」

趙盛豐老師聽了之後，不僅沒有給我任何機會，甚至還把我叫了去，劈頭就說：「張睿智我跟你講，比嵩給你開是他的事，我是不會給你開的，你太年輕了！」

趙盛豐老師的反應，我並不意外。確實，我是太年輕了，那一年我才剛升上第四年住院醫師。

過一陣子之後，張比嵩老師又大膽地給了我一次機會，那場手術也順利結束，且病人術後恢復良好。於是，他不死心地又再去告訴趙盛豐老師，趙盛豐老師這回連把我叫去都沒有。

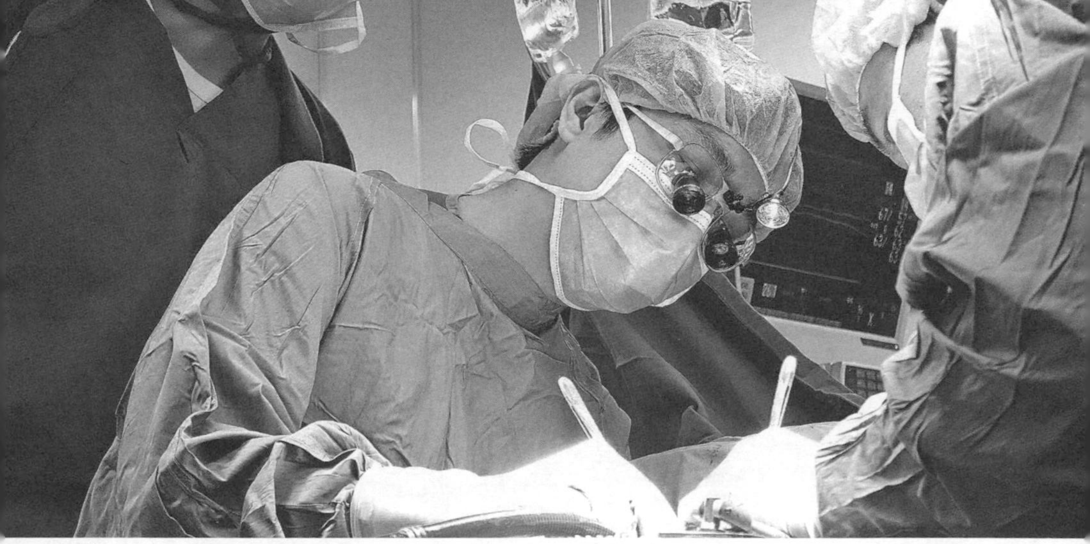

外科的養成之路漫長；我執行手術時，趙盛豐老師站在後頭緊盯著我的一舉一動。（攝影／李毅）

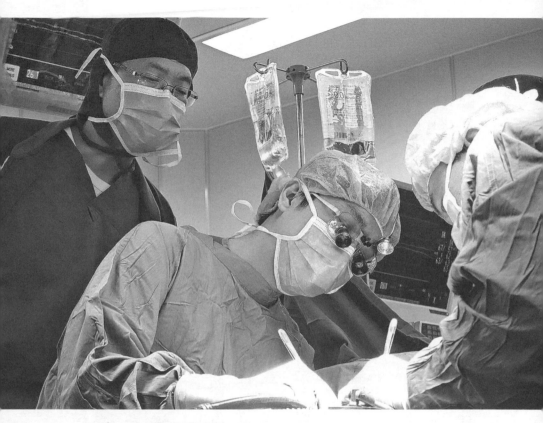

我們都想，或許還要等上一年半載，他才會願意讓我再站上他的手術檯。

但是，我們都錯了。

沒過多久，有一次在趙盛豐老師的刀上，當我完成所有前置作業，要從主刀者的位置退下、到對面的第一助手位置；前腳才剛要跨出，就聽到趙盛豐老師那滿是威嚴的問話：「你不要開是不是？」

倏地，我將腳步停住，一步也不敢輕舉妄動，滿腦子裡都是同一個疑問：「你不是不要給我開嗎？」一如往常，我心理小劇場的每一句臺詞，都不敢斗膽地在老師面前說出來。

正當我在內心天人交戰時，趙盛豐老師又開口了，語氣裡已經開始滲入不耐：「你不要開了是不是？」

「要、要、要！」天大地大的機會，即使我有滿腹疑惑，但眼下以最快的速度讓自己在主刀位置上站妥才是最重要的事情。

那場手術順利結束後，這回換趙盛豐老師找上張比嵩老師，簡短地說了一句：「張睿智沒問題。」

如果現場有其他人聽到這句話，肯定都會響起掌聲並跑來找我道賀。貝多芬宣布要收徹爾尼為徒時，現場的其他人都紛紛地向徹爾尼的父親恭賀，認為那是無比殊勝的榮耀。老師的一句「張睿智沒問題」，對我而言，無疑也是至高無上的肯定。

心臟小學堂：

洗腎患者的動靜脈廔管

為了能夠讓血液順利流到人工腎臟，經過血液透析之後再流回人體；因此，洗腎患者必須在洗腎前一個月至六週，先進行動靜脈廔管手術，將手腕上的頭靜脈遠端切斷，再將近端接到橈動脈上。兩條血管的吻合手術完成後，還得評估有無狹窄與阻塞情形，才能進行後續的洗腎治療。

三之五——再也沒好好睡過覺了

就算是休假，趙盛豐及張比嵩兩位老師也不會離開醫院超過三十分鐘車程的地方，就怕留院觀察的病人會因為他們趕不及回來而發生憾事。

除了狀況緊急的病人之外，他們也寵壞了那些狀況不緊急的病人。在花蓮慈濟醫院的心臟外科裡，下午常會有早上才被門診告知要安插進來的手術；那些手術大多都不是情況緊急的大手術，只是些分明可以過幾天再安排的小手術，例如縫合洗腎透析瘻管。

但是，沒人敢拒絕這些臨時被安插進來的小手術；因為，安排這些手術的，都是兩位老師。

「我們花東跟臺北不一樣。」老師們不只一次告訴我花東天然地理條件以及醫療分配不均，原本不甚嚴重的病症，一旦突然發作，常可能在送往醫院的途中不幸發生憾事。

「做洗腎廔管對我們來說是個小手術，手術時間很短。」張比嵩醫師總感嘆著地域的不公平，「但對病人來說，來一趟醫院，他可能就要奔波一整天。」

即使是醫師，也難逃生病的魔爪。某年冬天，張比嵩老師病倒了。起初他只是微微發燙、鼻水直流；自認還撐得過去的他，沒跟醫院請假，也不願請假，只因為他下午還有門診要看。

門診中，他又一如以往地臨時幫病人安排手術，時間就訂在晚上。

但隨著太陽西下，氣溫愈來愈低，他開始忍不住地全身發抖；拿起體溫計一量，竟然已經高燒逼近四十度！眼下，那檯刀勢必得延遲，但他卻堅持走上手術檯。

為了讓持續運轉的機器保持在最佳狀態，避免因為高溫而故障，因此手術房的溫度一向偏低。他堅持上刀，大家自知無法說服他，於是護理同仁選擇省下勸說的力氣，四處借來烤燈、暖風機，希望能幫助張比嵩醫師在手術中保持暖和。

最後，老師更是披著棉被上刀。手術中，他鼻水沒停過，口罩換了一個又一個，一直撐到手術結束。

不知情的人可能會以為這是一檯相當緊急的大手術，其實不然；那檯手術只是要替病患置放洗腎用的人工血管罷了；不僅不是大手術，更不是立即就要做的手術。

他這件事情，讓我想起了奧地利作曲家、後世稱為「圓舞曲之父」的約翰・史特勞斯（Johann Baptist Strauss，1804-1849）。和作曲家約瑟夫・蘭納（Josef Lanner）一起奠定維也納圓舞曲基礎的他，為了理想也為了經濟，自己組成了樂隊，四處巡演，也熱心地為許多慈善機構的募款譜寫新作品。

在他人生的最後一年，他的身體開始走下坡，一場突如其來的高燒對他糾纏不已。當時，他為了不讓樂迷失望，仍忍著發燒的種種不適，硬是撐著指揮完一場長達四小時的音樂會，不久後就慨然離世了。

慶幸的是，張比嵩醫師在這場手術之後，逐漸地恢復健康。回想起這場手術，對他而言無疑是挑戰身心的耐力賽；但他說，即使時光倒流，他依舊會做出一模一樣的決定。

「病人從臺東來；為了看我下午的門診，清晨五點就從臺東出發。」張比嵩老師解釋，對方看完診之後，還得等他看完門診；「等到要進行手術都已經晚上了。如果我不幫他做手術，病人跟家屬就沒辦法早點回家。」

「能幫忙，就盡量幫忙吧！」他的結語還是那麼無趣地毫無變化與驚喜。我們說他將病人寵壞；但他總有正正當當的理由告訴我們，這全都是理所當然該做的事情。

不僅發燒時執意替病人開刀，甚至連師母生產時，他陪伴左右的，依舊是自己的患者，而非剛生產完的師母。那時候，他還在三軍總醫院當住院醫師；師母生產之後，他依舊忙著在病人之間打轉。

有一天，師母笑著告訴好不容易來探望的他，同樣也是軍眷、住在隔壁床的病患，曾跟來探病的家人小聲地偷偷地討論著她；討論的內容，讓師母笑也不是，感傷也不對。

隔壁床是這麼說的：「隔壁床的剛生孩子，但從沒見她先生來過，八成是個私生子……」

＊＊＊

以前，臺東因為沒有心臟外科，因此許多病人得往外尋求醫師的治療；然而，若是緊急的突發患者，就得由臺東的醫院緊急聯繫轉診；「很多時候不是假日就是晚上，誰都不想收，就會打來到我們這裡，我從來不會拒絕。」

張比嵩老師回憶起過往，每一片段都是仔仔細細，彷彿已經交融在他的血液中。他說，臺東的醫院總會問他：「你們的加護病房還有沒有床？」這對他而言，從來不是個該放在第一順位的問題，總告訴對方：「不要管床位，送來就是了，來了我們自然會有辦法擠出一張床。」

「病人其實也不一定能活到這裡來，很多人在路上就死了。」感嘆、唏噓充斥在字句間；但他說話時，眼裡寫著的都是熱情：「如果半夜轉過來的病人可以等，那我們就睡一下再上來；如果不能等，再累也一定是立刻就上刀。」

「臺東曾有十年的好日子；只要我們在，他們不用問，就可以直接送過來。」回想起那十年，日日夜夜幾乎都站在手術檯上，如今已屆退休之齡的他也不禁笑嘆：「那段日子如今想來，還真不是人過的。」

那是什麼時候？他說是剛滿一年一百檯的時候，也正是我剛進入心臟外科的日子。

於是，我就這樣跟著老師們不眠不休，從此再也沒好好地睡過一覺。

兩位老師在教學上會給個大方向，再任由我們各自發展；看似自由，但在基本功上卻又極盡要求，例如鋸胸骨。

小約翰・史特勞斯（Johann Baptist Strauss，1825-1899），這個承襲著與父親同樣名字的孩子，也傳承了約翰・史特勞斯的才華。在老約翰過世之後，小約翰接手老約翰的樂隊，甚至進一步將圓舞曲發揚光大；他的《藍色多瑙河》至今依舊膾炙人口，後世稱他為「圓舞曲之王」一點也不為過。

雖然我沒有小約翰那樣的天賦，但是在手術上我沒讓老師們操過心，也沒被叨念過。印象中，就只有那麼一次，我不僅被老師罵了，甚至還淚灑手術檯。

當時，終於有學弟來實習了。媳婦總有一天熬成婆，晉升學長的我被趙盛豐老師交代，如果有刀，就帶著學弟鋸胸骨。

那天，在老師還沒進入手術室之前，一如往常，我必須完成所有的前置動作；到鋸胸骨的時候，我將機會讓給學弟。即使教學上百次，但初出茅廬的孩子難免緊張；一緊張，胸骨就這麼鋸歪了……雖然不夠正，但我判斷對後續的復原不會有太大的影響。於是，我讓完成工作的學弟先離開，繼續將其他前置作業完成。

學弟離開之後，這檯手術的主刀走了進來；張比嵩老師一靠近手術檯，高大的他，眉間皺緊的力道，足以撼動手術房。

「為什麼胸骨鋸歪了？」他看向我，雙眼凌厲。

「是學弟鋸的。」

「你為什麼帶著他鋸？」他說話的語氣愈來越沉，足以將人壓入水底溺斃。

「趙主任交代要放手讓學弟試試看。」

「老趙說放你就放？」手術是不等人的，他開始走上手術檯，一個動作、一個動作地緊接著做。看似行雲流水，但同場在手術房裡的人都知道，這檯刀進行得並不如以往順遂，中間有太多需要克服的大小狀況；雖然不至於鬧出人命，卻考驗著主刀者的耐心。

張比嵩老師刀愈開愈火，一張嘴罵個不停，完全沒有中斷地表達他的憤怒；我想安撫老師，卻不得要領。

「是我沒帶好，我會負責……」

話還沒說完，引來張比嵩老師拉高音調：「你負什麼責？你是主治醫師嗎？你憑什麼負責？」

我想起他曾說過，要放刀給學生開，身為老師的他們其實心理壓力是很大的。趙盛豐老師也說，帶學生做手術，只要不是自己主刀都會擔心；但不放刀給學生嘗試，學生永遠都是學生，無法成為獨當一面的醫師。

他會心煩，是理所當然的。

「我放刀給你開，你放給別人開！」老師止不住氣，劈里啪啦地在手術室裡對著我繼續罵，最後甚至還放話：「我以後再也不放給你開了！」

他火爆音量間，哪怕只有一秒鐘的停頓，都是寂靜無聲的；手術室裡的人不少，但沒人敢替我說話，更沒人嘗試著安撫他。我就這樣邊被罵著，眼淚不爭氣地流下；怕會汙染無菌面，不時還得仰著頭不讓眼淚滴下去……

那檯刀，最後在老師的怒罵以及我的啜泣聲中順利結束了。走出手術室後，熟識張比嵩老師多年的其他同場醫護拍拍我的肩，悄聲叮嚀：「以後他罵人，你記得閉嘴就好；你愈回應他，他會愈生氣。」

老師說他再也不放刀給我開了；慶幸的是，這終究只是一句氣話。

幾天後，病人恢復得比想像中來得好，這才讓張比嵩老師對我解氣，但還是忍不住豎起眉來謹慎叮嚀：「你要帶學弟就好好帶；如果覺得他還不成熟就不要放，自己開就好。」

雖然時隔多年，但我至今都還記得，在冷冽的手術房裡流下的眼淚，原來一樣是鹹的。

三之六——我差點變成開刀很厲害的人

在二〇〇〇年那個年代，「全主動脈弓置換」手術僅有千篇一律的唯一途徑：讓患者在深度麻醉、低溫二十度、心臟停跳、甚至全身體外循環短期停止的狀況之下，才能得以進行。

「老師，我想進行全主動脈弓置換手術，但既不做降溫，心臟也不讓它停跳。」我知道，我得先說服兩位老師才有辦法進行。畢竟，這樣的方法，前無古人，我可能是世界上的第一個；倘若成功，將聞名一方；若是失敗……我做足了功課，認為此法沒有失敗的可能。

他們的反應在我的意料之中，他們嚇壞了，直說著：「這怎麼可能！」

「老師，我真的可以。」我告訴他們，如果真有突發狀況，我也想好 plan A、plan B、plan C 等應變方案，隨時能緊急應變，雖然我認為使用到的機率會是零。

他們一直希望我成為一個會開刀的醫生，而我也積極往這個方向邁進。雖然兩位老師未曾在我面前表達稱讚，但他們在別人面前說的話，多少會隨著風、隨著語，隨著部分人的熱情傳進我的耳裡。

「張睿智綁線綁得真好。」張比嵩老師曾這麼對別人說。

「縫血管，臺灣很少人這個縫速。」張比嵩老師告訴其他醫生，我縫血管的速度之快，全臺他只看過一人，就是他的老師、臺灣心臟外科權威魏崢醫師。

快，必須有憑有據。當時在做冠狀動脈手術縫合時，不少醫師縫一條血管至少要十幾分鐘；但我在二十分鐘左右，能一次將四至五條血管全部縫好，運用的時間只有他們的一半甚或更短。

不敢說自己天賦異稟，但我的練習以及他們給我的實戰機會，一次次地讓我在熟能生巧中追求穩健與速度。我想，我能達成兩位老師所願，成為一個「會開刀」的醫生，也認為不停跳的主動脈弓置換手術絕對可行。

他們雖然當下不認同，但接下來好一段日子，也未曾在我鍥而不捨提案時拒絕讓我發言。

「不停跳的話，恢復就會比較快。」那時，使心臟停下來的藥劑並不優秀；比起現在一支針就能讓心臟在安全無虞的狀況下停止一百八十分鐘，當時一支針只能讓心臟停下二十分鐘，我們必須不斷地補上藥劑，直到手術結束。「我們希望停下來，就是希望可以好好地縫，但是縫的地方基本上也不太會動，微微震動是不影響的。」

在一段不算長也稱不上短的時日之後，他們同意讓我進行這個手術；在進行手術時，他們也都謹慎地站在一旁。

那場手術，不意外地以成功告捷。

「事後想起來我並不特別擔心；心臟還在跳，跳的過程心電圖也沒有特別變化，沒什麼好擔心。」趙盛豐老師在手術過後，難得地在嚴肅的臉上露出柔和的表情；「而且，這是以我們長年的知識去判斷這樣做沒有風險。」

在二〇〇八年這樣的創舉，立刻就被心臟外科最好的雜誌之一《胸腔外科年誌（The Annals of Thoracic Surgery）》刊登。我因此揚名立萬了嗎？沒有，上天似乎不願讓我那麼早就享受成功的滋味。不久之後，主動脈支架在全世界廣為使用；面對這類的手術，主動脈支架輕鬆地取代原本繁複的手術流程；而我在手術中的小小創新，也一下子就被支架的優勢給完全蓋過。

該說不意外嗎？我的運氣始終都不太好，如此一想，也就釋懷了。況且，相同的手術，以傳統方式有時必須在手術檯上耗上一整天；如今使用支架，短則一小時便可以結束。支架的耀眼雖讓我的創新顯得暗淡，但如今想來，我只有感謝；感謝支架的問世，讓我那微薄的睡眠有機會能更寬裕些。

只要能站上手術檯，並且成為很會手術的醫生，此生是不是能譜出「張氏手術法」，對我而言其實也不是那麼重要。

我卻沒想到，就在我自認為自己絕對能勝任「會手術」的這項技能時，我的兩位老師卻要我放下手術刀，去進行我此生最不拿手的事情——讀書，而且是到美國去！

「我就是一個要開刀的人，怎麼會要我出國讀書？」我的疑惑，想必霍爾斯特（Gustav Theodore Holst，1874-1934）也曾向他父親反映過。霍爾斯特十二歲就開始作曲，也對作曲滿懷信心與興趣；但同為音樂家的父親，卻希望他可以走向鋼琴演奏家之路。

霍爾斯特的抗議顯然一開始是失敗的，就像我一樣。

起初。我表達了我的掙扎。此生，這大概是我第一次反抗兩位老師，也是最後一次。

二〇〇五年擔任心臟胸腔血管外科總住院醫師，生活雖然忙碌，但也在同年獲得花蓮縣社會優秀青年的肯定。

直至今日，我看見兩位老師，依舊會恭敬地打招呼；接到老師的電話，甚至還會不自覺地在椅子上挺直腰桿。有一次，在跟趙盛豐老師講完電話後，我才驚覺，原本坐在椅子上的我，不知道在什麼時候已經站挺身軀；沒拿手機的那隻手，甚至還五指併攏地貼在大腿側邊上呢！

敬重、敬畏，始終未曾削弱一絲一毫；更何況，當年他們要我去念書時，是我剛升上主治醫師的第一年。

「我學弟人在美國杜克大學（Duke University），他要回來了，說那裡有個機會，你要不要去？」張比嵩醫師的話雖然像是個問句，但熟知他的人都知道，這句話是個肯定句。

要我出國念書這件事情，他很早就開始提了。

畢業自國防醫學院的他常向我們分析，雖然國防醫學院的錄取成績在全國醫學院中不算頂尖，但三軍總醫院的醫療表現在全國總是名列前茅。「為什麼？因為你要畢業前三十名才有資格進三總，第一名先選；三十名以外，你想來，三總也不要。而且，三總非常重視人才培育，第四年就考托福，第五年幹完就出國，全世界醫院隨便你選；人家接受你，國家就給你錢。」

至杜克大學的因緣，來自張比嵩醫師的學弟禚靖教授，到校第一天就與即將返臺的教授「交接棒」。

他說，幾乎每一位三軍總醫院的主治醫師都曾出過國；只要聯絡好學校，無論要去一年、兩年過過洋水，或是去念博士班這樣的長期計畫，國家都願意支持。

話鋒一轉，他看向我，眼神裡寫滿期待，以他一貫的幽默舉例說服我：「你可是慈濟大學畢業的，慈濟自己的學生，可說是來自『皇家』醫學院、正黃旗、純正血統；未來如果要往上爬，你一定得出去念書！」

他的話，我無能反駁。於是，我將所有的寄盼全都放在另一位老師身上。想當年他告訴我，人生順序有三，第一是病人，第二是家人，自己的事情則是要放在最後；因此我想，去美國讀書屬於個人的事，趙盛豐老師應該會贊成我不去讀吧？

我錯了，他跟張比嵩老師一搭一唱；雖然，相較之下，他說的話要理性得多。「慈濟醫院正在往醫學中心發展；在教學醫院裡，必須要有資歷跟教職，才能有穩固的發展。」他說，他知道我喜歡臨床，可是眼光必須要看遠；「你要是想繼續留在醫學中心、未來的走向要好，就一定要有教職，以後才能做你喜歡做的工作。」

他們深信，有「南方哈佛」之稱的杜克大學將會是保障我未來的一片防風林。

我不知道該如何拒絕他們；因為，他們的眼裡與話語裡，都是關懷，想必當年霍爾斯特的父親希望他成為鋼琴演奏家的用意也是如此。不過，霍爾斯特是幸福的；後來，他因為右臂神經炎愈來愈嚴重，父親在無奈之下，就如他所願，讓他到倫敦皇家音樂學院學習作曲。

霍爾斯特在四十歲的時候，譜出他的人生代表作《行星組曲》，裡面共有七首樂曲，每一首都代表著當時世人已知的行星，包括火星、金星、水星、木星、土星、天王星與海王星。

《行星組曲》的問世不僅替霍爾斯特帶來了聲望，也替他帶來了財富；更讓原本默默無名的他，躋身二十世紀英國著名作曲家之列。

其實，當時我也曾異想天開地想，如果我一直在臨床上，或許也能像霍爾斯特一樣，終有一日能在自己熱愛的領域中成為一個發光發熱的人；如果我一直在臨床上磨練，我就可能成為一個「非常會手術」的醫生。

然而，老師們那兩雙誠摯的眼、那兩份為我的將來用心鋪路的決心，我不忍心回絕。就如以往不管我人在哪裡，他們一通電話，我就會立即返回他們身邊；就如當年我才剛回到宜蘭的家門口，仍不顧媽媽的失望，再度驅車返回醫院，擔任老師們在手術檯上的左右手。

「變成開刀很厲害的人」，這個願望的最後一片拼圖，我想自己是不得不暫時放下了。晚年的霍爾斯特也是如此嗎？

當冥王星被發現時，霍爾斯特簡直措手不及。在他去世的前幾年，雖然努力地想為《行星組曲》補寫〈冥王星〉，但在作品沒來得及完成時，就因為中風而病倒，死前始終沒能來得及將組曲補全。

霍爾斯特當時的缺憾，或許就像我不得不放棄在臨床上開始小有成就時的心情。

然而，霍爾斯特的缺憾終究沒有成為真正的遺憾。二〇〇六年的國際天文學聯合大會上，天文學家們以壓倒性的多票決通過，將開除冥王星的行星籍。霍爾斯特的《行星組曲》依舊如天上的行星般完整。

而我呢？我卻像是那顆被除籍的冥王星，無力地屈服於命運所帶來的安排。美國之行，看來我是逃不掉了。

心臟小學堂：主動脈弓

主動脈弓位於心臟上方，就像個巨大的圓管形帽子，連結升主動脈與降主動脈，把心臟傳出來的血液往上送到腦部與手臂，並向下傳到腹部、骨盆腔與下肢血管。由於其形狀像把倒放著的弓，因而得名。

三之七——我哪是念博士的料？

「你給我一個理由，為什麼我要收你？」主考官表情嚴肅地看著我，要我給他一個完美的說服。但是，此時此刻，其實我也還沒能說服得了自己，究竟為什麼要來美國念博士班？

多數醫學生在醫學系畢業之後，就會到醫院接受住院醫師階段的訓練；等到升任主治醫師之後，就靠自己的知識、手藝不斷累積經驗，甚至在累積足夠能量時，投入研究，進行創新研發。無論如何，幾十年之後，便能張開手臂迎接退休。

我從沒想過我還得要去念博士班。

念書的機會來臨之前，兩位老師時不時就跟我提出國進修的事情；雖然每一回我都誠懇地聽著，但內心卻響起無數次「不可能」的聲音，但老師們聽不見。

「如果有機會，你一定要去爭取。」張比嵩老師每到最後，一定都以這句做結：「然後你一定要出國。」

「不可能！」師徒制讓我不能輕易地出口頂撞老師；但在心裡，我的意志是自由的。

可是，兩位老師也堅定果決，甚至不惜為了替我爭取，一向在醫院低調行事的他們還在主管會議上挺身為我爭取出國的機會與經費。

我想起有「浪漫音樂詩人」之稱的舒曼（Robert Alexander Schumann，1810-1856），他自小就展現音樂方面的天賦以及才華，也熱愛音樂。不過，他的母親卻認為音樂收入不穩定；因此，在他選擇志願時，逼他投身法律。

舒曼雖然依母親所願進入了法律系，卻時不時地蹺課，甚至還找來他的鋼琴老師幫忙說服母親；最後他成功了，在二十一歲的時候正式踏入音樂界。

但是，在面對要前往美國念博士班的這件事情上，即使我一心只想留在臨床，卻沒有舒曼的勇敢；我既沒有反抗，也沒有請人遊說。就這樣，順從地像隻綿羊，乖乖坐上飛往美國的班機。我知道，現實的殘酷會將我一一支解；畢竟，我從來就不是一塊讀書的料。

前往美國時我還沒申請上博士班，只是先把握住機會，以訪問學者的身分到杜克大學，一邊觀摩他們的臨床手法，一邊做些研究，以提高申請博士班入學資格的機會。

一年多過去了，隨著時間推移，也推著我著手申請杜克大學實驗病理學研究所。然而，天知道、我知道，我在大學時的基礎醫學成績並不理想，只是以六、七十分的分數勉強過關。

只要是理論課，我的成績大都是以不理想收尾，例如生化、分子生物、細胞生物，就連擔任小老師的生理學也是一樣的下場。

「我這裡是全世界做基礎研究最好的人要來的地方。我有你的大學成績，你大學的成績並不好，你每一門基礎生物醫學的學科都不行！」主考官是杜克大學實驗病理學研究所的所長，似乎認為之前的問句太過簡短、不足以表達他對我的疑惑，於是邊拿起手上我所檢附的醫學院成績單，加重語氣強調我過往的成績有多麼地不吸引人，最後才又再問那相同的一句話：「你給我一個理由，為什麼我要收你？」

我的大學分數就這麼橫亙在我們之間，閃爍著調皮的光芒，逼得我只想一頭往牆壁迎頭撞去；「怎麼會有這個把柄在人家手上！」

雖然這是必須要繳交的附件資料，但誰能想到他會如此不客氣地把分數攤開在我們面前？

美國實驗室團隊陣容堅強，在那裡一刻都不能鬆懈，否則就可能成為拖累進度的人。

我想直接明白地告訴他：「因為我的老師要我來讀。」

但是，歷經幾次面試之後，我多少已經深刻體悟，面試時所講的每一句話都必須謹言慎行、考慮後果。

「大學的時候雖然有學習上的困難，但是我很努力也很認真。」我看著他，試圖讓自己表現出勇無畏懼的模樣；「而且，我可以用我擔任住院醫師以及主治醫師時的能力，來證明我可以勝任就讀你們的系所。」

雖然我大可以說：「我成績不好，你就不要收我好了！」給自己一個光明正大的機會回臺灣，回到我最鍾愛的臨床上。但我深知，打從二〇〇八年坐上前往美國班機那一刻起，我已經沒辦法再走回頭路了。

如今已經是二〇一〇年，為了如願能進博士班，也為了能取得一份強而有力的推薦書，我已經在一間實驗室辛苦、扎實地學習基礎實驗快兩年了；眼下，終於熬到面試的機會，我怎麼能放棄？雖然以前我並不願意前進；但是，後退也不再是我的選項。

我告訴所長，在美國的這兩年我已經學到了這裡做實驗的方法；而為了加強我的語文能力，這兩年我也大多跟以英文為母語的人交朋友，因此語言也不會成為我在學習上的阻礙。

「你一定要收我。」我也加重語氣，並膽大包天地補上最後一句：「不收我將是你的損失。」

他一臉淡定地看著我，驚訝或許有閃過眼底，卻沒有輕易顯現在肢體與臉部表情上。他簡單地又講了幾句舉無輕重的話，就讓我到下一關面試官那裡去。

我不知道有多少面試官喜歡在面試的時候聊興趣，至少我這一生就遇見兩位：一位是慈濟大學校長李明亮，他跟我聊小提琴；另一位，就是我在杜克大學第二關的面試官。

起初他問話的內容很正常，問我對哪方面有興趣，我告訴他我對心臟、肺臟移植都有感興趣；接著，他就開始跳題式地問我：「你在美國這兩年都在做些什麼？」

「沒事的話，我會做一些重訓。」

「真的？」他的表情開始出現變化，不再是面試官的姿態，反而熱絡得像位老朋友，「你知道嗎？我以前可是健力隊的喔……」

沒過多久，我收到了錄取通知。有了李明亮校長的經驗之後，至今偶爾想來，我還是會懷疑，之所以能得到錄取，究竟是因為所長被我的「嗆聲」打動，還是因為我開始學重訓而深得另一位面試官的歡心？

＊＊＊

舒曼自認自己有雙重人格，甚至還為兩種人格取名字；他替內向多慮的自己取名為「奧賽比斯」，外向活潑的自己則叫做「佛瑞斯坦」。

綜觀我的學習路程，我不也有兩種人格嗎？有時，我放縱自己走在課業低谷的鋼索上，只要不從及格分數掉落就好；但有時候我就想拚個成就，證明自己是塊念書的料子。

我想趕快回臺灣！雖然才離開兩年的時間，但我迫不及待地想回到臨床上；因此，我不得不將學習計畫填滿。

壓力與疲憊朝著我一浪又一浪地席捲而來，每一天我都被淹沒在看不見盡頭的學習苦海中，

「我當年為什麼要發那麼大的願？」有一天，我在實驗室裡看著怎麼都做不出

來的實驗，滿心挫折；趁著四下無人，我讓眼淚自由奔流。一面哭，一面想起大學四年級時面對成績始終都不如意的病理學，我曾向上蒼祈求：「老天爺啊！我知道我一、二年級太不知好歹了；如果你願意再給我一次機會，我一定會奮發向上努力讀書，拜託保佑我千萬不要被當掉！」

老天爺確實給了我一次機會；不僅讓我低分通過病理學，甚至還能順利畢業，並進入到夢寐以求的心臟外科工作。祂給了我幾年的糖吃，如今正在向我大力索取當年之恩。

讀書壓力將我的生活壓垮，也將我的神經繃到面臨撕裂的極致。此時的我，就猶如長年因為飽受收入不穩定所擾的舒曼；當時正值壯年的舒曼開始失眠、幻聽，而我除了失眠之外，就連許久未曾出現的「考試障礙」也找上了門。

幾乎在每一回大考時，考試障礙都會緊緊地扣住我的脖子，令我難以呼吸。

考試障礙第一次出現的時候，是我人生中最重要的一場考試；若沒拿到合格成績，就無法順利取得醫師執照。

面臨大考，緊張難免；然而，連我自己都難以想像的是，平常閱讀不成問題的自己，竟然就在這次考試跌落閱讀障礙的深溝——考卷上的字在飄移，無論是英文或是中文，每一個字都像在嘲笑人般地抖動。它們一會兒向左，一會兒向右，我愈是要努力集中精神，它們就笑得更用力；這下子，有些跑到上面，有些則直接朝我的身體狂奔而來，似乎想用它們尖銳的一筆一劃朝著我的心臟刺去。

我的臉開始刺痛，心也開始惶恐，心跳聲猶如冥間審訊的鳴鼓聲，震得我雙耳欲聾，「我完蛋了！」

我在心裡不斷地告訴自己，這次的考試，我將敗給恐懼所帶來的無能為力。

我愈是努力地想將每個字湊在一起，它們就愈是要彈跳開來。第一題，我看不懂；第二題，狀況依舊；第三題，根本無法讀取文字意涵……一直到第十一題，閱讀障礙似乎玩夠了，它開始陷入打盹的狀態，某些字開始靜止不動，我也才勉強看懂一個句子。第十二題，似乎又能多看懂一句了；第十三題之後，閱讀障礙已經淡化它的氣息。這下子，我不僅看得懂題目也能作答；一路向下做完兩百題之後，才急匆匆地趁著野蠻怪獸甦醒之前，回過頭來將前十題補上。

我以為這是偶發狀況，卻並非如此，閱讀障礙此後在我心頭縈營；舉凡重大考試，如外科專科執照考試、心臟外科專科執照考試時，它就會從沉睡中甦醒。

來到美國之後，這頭野獸更加猖狂。面對嚴峻的形勢，逼得我向老師求情，請他允許我在考試的時候拿螢光筆將試題上的每個單字框起來，否則這些字母會自動在我面前解離、飄開，跑到試卷上的每一個角落嘲笑我的無能。

助教知道我所言不假，投以同情的眼光，允許我將考試卷畫得一片花綠。當有人欣羨我的行業、認為我有顆聰明頭腦時，我總是哭笑不得；我很難告訴別人其實我根本不夠聰明，甚至每當緊張的腎上腺素一飆升，就會出現閱讀障礙症候群。

舒曼人生的最後兩年在精神病院度過。有人曾聽到他精神病院裡彈琴的聲音；這位一代大師或許怎麼都不會想到，以音樂家自居的自己，其琴聲有一天竟會被評為：「聽起來像是一部彈簧壞掉、但依舊在努力運作的機器。」

在美國的前幾年，我也像極了精神異常舒曼所彈奏的那部琴，努力地在苟延殘喘中哼唱著慘澹之歌。

美國乾媽先來說幾句話——

「他只要肯願意讓我喊一聲兒子，我就心滿意足了。」

民國七十七年的時候，我跟我老公就移居美國，在這裡創業，也在這裡生活，這裡就是我們的家。

友人常問我們，未來要不要回臺灣度過晚年？我們沒想過有那麼一天；一如我從沒想過，人生到了晚年，會憑空出現一個「兒子」。

我第一次見到我「兒子」的時候，是在一場慈濟的賑災活動上；當時，我們正在替海地募款。地震震毀了海地無數人的家園，處於貧窮線之下的這個國家，急需助援。

就在會場上，我看見了一對年輕的夫婦；我問我身旁的慈濟師姊：「那對生面孔是誰啊？」

「他們啊……」她抬起頭看了一眼我所指的方向，大方地跟我分享也才不久之前她接收到的訊息：「那對夫婦是花蓮慈濟醫院的醫生，來美國念書的。」

接著，師姊又好心地告訴我他們的名字。

美國地大物博，偶爾消息也會不夠靈通，但至少我在那個時候看見了他們，那是我人生幸運的開端。不知道為什麼，就是覺得自己跟他們有緣，那是一分難以說明的情感。

我上前跟這對夫婦打招呼，客氣地稱呼他一聲「張醫師」；他似乎有點嚇一跳，但仍舊溫文有禮。會場很忙，我能跟他談話的時間很短，因此簡潔扼要地告訴他：「張醫師，如果有空，要不要來我家吃個便飯？我家就我跟我先生兩個人而已。」

他說了聲好。旁人或許覺得這是有禮的客套，但我就是知道他會來。

他果真在不久後的週末來訪。我們可謂一見如故，每一回他們要離開時，我必定開口：「有時間一定要再來喔！」

他點點頭，每次都說好，也每一次都會實踐這個承諾。我開始一點一滴地了解他們：他們為何而來？又為什麼他的眉間總是有一抹揮之不去的愁容；他說，念書不是他的專長，在美國念書念得又苦又累。

幾次見面之後，我在離別時換了一套說法：「來我們家就是要你放輕鬆；如果你有空也想休息，就來這裡，把這裡當成自己的家。」隨著這句話，我的手也沒閒著，提著剛剛幫他打包的一些飯菜，提醒他這些食物可以冰著慢慢吃，上課時別忘了替自己帶一份營養的便當。

我知道他們夫妻都不太會煮飯；每次過來，我一定是親自下廚；每回離開，也一定再準備一份能供他們幾天飽餐的食物。

我的話，他們聽進去了。逐漸地，有些週末他們夫妻倆的車會來到我們家門前，拎著行李下車，準備在我們家度過週末。那些有他們的週末，客廳的燈永遠都亮到三更半夜，餐桌上的話語也永遠都不會中斷；我們彷彿就是天生的家人，該說的、不好說的、玩笑話、嚴肅話通通不拘。

某一天，是我老公的生日。一如往常地，老公總是那個因體力不支、先行就寢的人，留下我跟小睿夫婦聊到深夜。話語間談到了我一雙女兒時，他突然問我：

「我認你當乾媽好不好？」

我已經是多大年紀的人了；但那時候，我的反應就像是如願看見偶像明星的小女生一般；如果我的尖叫聲夠清澈響亮，我一定張大嘴盡情喝采，我好開心！當時，我全身上下的細胞都跳躍起來了，像個小女孩似的，在客廳跳來跳去的；就連我現在回想起當時他說要認我當乾媽的畫面，都還會起雞皮疙瘩。

他是那麼優秀，我何德何能？從來不敢妄想有這麼一個兒子；然而，他說他是認真的。

我這個年代的人，沒能生下一個兒子，一路走來要承受很大的壓力；我很幸運，有一個全心愛我並深愛著兩個女兒的丈夫，他從未給過我壓力。即使如此，當小睿說要當我乾兒子時，我彷彿感受到心中那個埋藏在角落的缺憾被補足了。

我常告訴小睿，當我的兒子不要有任何負擔；「只要你可以讓我叫你一聲兒子，我就心滿意足了。」

有一次我打電話給他，過了好一會兒才聽見他說話，他笑著跟我說：「妳剛剛那聲兒子叫太大聲了，我的手機好像被妳叫壞了……」

我們倆在電話中哈哈大笑。說起來或許誇張，但是對我而言，叫這一聲「兒子」是此生讓我最快樂的事了，比中大獎還感動！

他要回來時，我就會滿懷欣喜地準備一桌好菜等著他們。但是，我兒子真的很難養；有骨頭的食物他不吃，香菜也不吃，水果也不能有籽。我家菜園裡的A菜自從他來了之後，就成了他的專屬；當我哥哥、嫂嫂要來我的菜園拔菜時，我都會千叮嚀、萬交代：「A菜千萬不能拿，那是我兒子要吃的。」

他們笑我偏心，我這才忍不住笑著抱怨：「我絕對不是吝嗇，但是我兒子實在很難養，只吃絲瓜跟A菜。」

我們認識的第二年，兒子或許是因為做了動物實驗，內心常覺得不舒服。有一次，他告訴我，他要改吃素了。我一方面高興，一方面也擔心他的營養狀況，所以細心地研究食譜，不會電腦的我還努力自學，上網查一些新的素食料理方法，盡量在確保營養足夠之餘，還做到色香味俱全。

他還沒畢業的時候，就趁著一次假期先帶我回臺灣；那是我跟我先生婚後第一次分開，我卻毫無遲疑，因為我跟我兒子在一起。還有一次，我們一起去迪士尼；我此生從沒坐過雲霄飛車，但兒子約我，我就算嚇破了膽還是陪著他上去！

有幾次的假期他要回臺灣；送他過海關時，我早已泣不成聲；當時我就知道，當他完成美國的學業、要回到臺灣時，我肯定會受不了。但我知道，他一定得回去，因為他太熱愛開刀了！他每回來我家時，常會一個人坐在門口的階梯、或是房子後面的階梯，就這樣安安靜靜地坐著想事情；那些時刻，我選擇不去打擾他，因為我知道，他又在想開刀的事情了。

他也知道我會傷心，於是在離別前跟我做了一個約定。

「往後，一年我回美國，一年你們回來臺灣。」他從來沒忘記過這個承諾。至今，我們雖然無法每個週末都見面，但是他的消息從來不曾間斷；有時候是他親自來電，有時則是他媽媽跟我通電話。

我們的回憶很多，至今還在累積。有時，我會把他曾說過的那段話反覆在腦中不停地播放，他說：「我認妳當乾媽，是一輩子的事情喔！」

——講起兒子就忍不住笑得像個孩子的乾媽劉美鳳

三之八——生活中偶有甘霖

我逼自己要在幾年內就取得博士文憑，是不得不如此；因為，我有先天上的不足，那是說來最俗氣的字眼，卻也是現實生活中最不可或缺的——錢。

當時花蓮慈濟醫院為了支持我，拍板決定給我兩年博士班的補助費用；然而，博士班平均至少也要五年才能取得文憑，也就是我有三年的費用必須籌措。但是，在美國讀書，一年費用不是數十萬臺幣就得以迎刃而解，而是天價的三百萬元。

我沒有錢，該怎麼把書念完？

我想起俄國作曲家拉赫曼尼諾夫（Sergei Vasilievich Rachmaninoff，1873-1943），在發表他的第一號交響曲的時候，原本滿心冀望能獲得世人的目光；沒想到，卻因為當天的指揮家不僅沒做好功課，甚至還喝醉酒，導致整場演出慘不忍睹，以失敗收場。

當理想敵不過現實厄運的打擊時，拉赫曼尼諾夫罹患了精神衰弱，足足有三年的時間都無法振作起來繼續創作。但我沒有衰弱的本錢；因為，只要多留在美國一天，就要支出。

我只能想方設法，首先從犧牲假日開始。

我精心算著：一年有五十二週，如果六、日都不休息，等於一年多出了一百零四天可以做實驗；如果三年的週末都不休息，累積加總有三百多天，就將近一年的時間了。

把三年當四年用，就能省下一年的錢；但這還不夠，我必須讓自己在美國的時間再縮短些。

於是，在將六、日從休息日程中刪去後，我別無選擇地，朝著睡眠時間磨刀霍霍。

「如果我三點多就去實驗室，就能先做完第一段的實驗。」我縝密地算計著，等到天亮之後，就能直接從實驗室出發到教室上課，上完上午的課再回實驗室接著做第二段的實驗；下午再一個輪迴，上課、做實驗；到晚上之前，我預計就能做完四個階段的實驗。

每天、每天，我都在跟時間賽跑，多爭取一秒鐘，我就能少一分因為錢所帶來的愁苦；即使省下來的只是一個小銅板，我也視若珍寶。然而，即使那麼認真努力，上天卻選擇視而不見。

殘忍的聲響終究還是劃破了我心中所有圓滿的計畫。我做的實驗始終看不到成果，在美國的前三年，我一篇文章也寫不出來；比起多數人出國一年就能寫出兩三篇文章，我卻連個結論都難以下筆。

訪問學者那兩年加上博士班第一年，若要以文章判定一個人的成就，我不斷被提醒著，幸運早已棄我而去，「一事無成」將成為我的人生代名詞。

沒有錢、實驗也做不出成果，卻不能半途打道回府，我的外表當時肯定像極了拉赫曼尼諾夫。雖然我沒有他一百九十幾公分的高大身材，也沒有他那雙又大又厚實、可以輕鬆跨越十二度音階的巨掌，但我當時的臉肯定跟他看起來無異。

拉赫曼尼諾夫總是垮著一張鬱鬱寡歡的長臉，因此被取了許多有趣的綽號，例如「六尺半的苦瓜臉」、「來自西伯利亞的囚犯」，甚至還有人直言他看起來就像是一位稱職的殯儀館老闆。

我的悶悶不樂隨著時間拉長，在谷底擺盪的幅度就愈來愈小；就差那麼一點，所有快樂、積極、確幸的正面情緒，都快要化成灰燼。

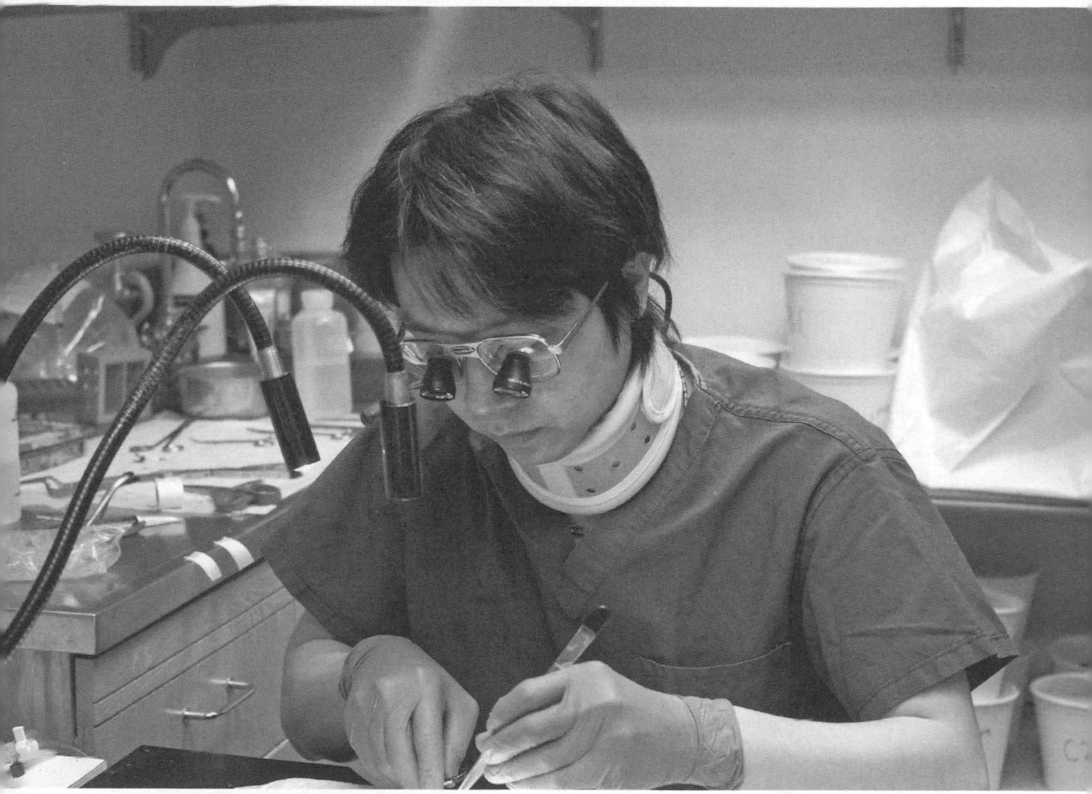

我的時間並不充裕。初至杜克大學的前幾年，幾乎日夜都在實驗室做實驗，我的護頸也陪伴著我。

沒有人能忽視我的情緒，多數人卻愛莫能助；但終究，上天沒有將殘忍發揮得淋漓盡致。某一天，研究所所長朝著我走來，主動探往地獄口，忍著惡火向我伸出了他的手。

他要我告訴他發生了什麼事情，起初我難以說出口；美國人重視信用，我申請上學校，卻因為沒有錢繼續念，這無非就是打破信用的巨槌。

我怕他對我破口大罵；但轉念又想，事已至此，我還能瞞多久？

「對不起，我沒有錢，我很怕沒辦法把書念完……」

沒有預期中該有的憤怒，他只是看著我，對話轉了個彎：「還記得你面試那一天嗎？我請你給我一個理由，憑你大學的爛成績，為什麼要收你？」

我不知道他開始回憶的用意何在，但這件事情還沒在我的記憶中消退，於是我點了點頭，打開讓他能繼續把話說完的開關。

「其實我當初面試的時候就是要考驗你。」他回憶那時，他直白地點出我大學成績並不好看，用最殘忍的方式考驗著我所表現的反應；「我就要看，面對這麼尖銳的問題，你會有怎樣的反應？畢竟，念博士班所做的東西就是要說服別人做這些東西是對的，老師會質疑你，同儕會電你，你的做法必須經得起別人的考驗，這就是科學進步的根源。」

雖然沒有明說，但我聽出他語氣裡的認同；當我終於有勇氣抬起眼來與他直視時，他緊接著又說：「以前我曾遇過一個學生，他來自一個非常有錢的國家；怎麼也沒想到，在他畢業之前，他的國家就破產了。但我們想盡辦法，讓他沒有後顧之憂地把書念完。」

我的心開始燃起希望的火苗，期待著他接下來的話能再一次鼓動我沉寂已久的心。

他終究沒讓我失望。

「今天我們學校收你進來，你就不用擔心，我絕對會讓你把書念完。」把最重要的話說完，他很快就重整情緒，開懷地拍拍我的肩，「我希望你去運動也好、去想你的研究也好，就是不要花時間再去想錢的事情，我一定會幫你解決，我希望看見你開開心心讀書的模樣。」

當鐘擺到了低點，就會迎來上揚。所長與我一番對談之後，果真幫我申請到了獎學金，連生活費都大方給付；而我自己著手向臺灣教育部所申請的五十萬元獎學金也順利通過了。

* * *

我聽從所長的鼓勵，開始讓自己放鬆。

拉赫曼尼諾夫最後求助於心理治療師，在心理師不斷地說著：「你是最好的，你會開始創作，而且寫得很順利……」在催眠治療中，他竟然真的寫出了他最著名也最成功的作品《第二號鋼琴協奏曲》！

我沒有進行催眠治療，但是我的放鬆治療成效也不錯。

我去打羽毛球，並在球場上認識了一位六十幾歲的美國學者。

我起初看不出來柏格．安德森曾經中風過，只覺得他打球的姿勢有些怪異，走路也不快。在球場上幾次交鋒後，我們自然而然成了球友，也談起了人生，他這才告訴我，他曾中風過。

「當時我很有可能會死掉。我失去意識後跌落在樓梯下，不省人事地被人送到醫院。」柏格因為運動而潮紅的臉龐散發著健康的光彩。擁有兩個博士學位的他告訴我，他的前半生拚盡了全力，也自以為做足了準備；「但人生就是如此，不管你做再多努力，突然間要被拿走時，就是一無所有。」

參加 Duke Medicine Orchestra 音樂發表會演出。（上圖）

在球場上，球友柏格．安德森（Berger Anderson）是最佳戰友。（下圖）

從死神那裡來回了一遭，柏格如今對人生不再那麼執著於非得完美不可。例如，他雖然肢體不便，依舊上場打球；我總是和他一組，他跑不太動就負責守，由我來跑，不也打得很愉快嗎？

除了打球，我也參加杜克大學醫學中心的樂團 Duke Medicine Orchestra。前往美國時，我打包的第一件行李就是小提琴；它是我生活中的一部分，不可或缺，我人在哪，它就會在哪。只是，平常自己拉琴還可以，若要花時間參加樂團，我常告訴自己不要妄想。

雖然勉強克制，但我還是會禁不住偷偷地在樂團團練的時間跑去觀望。足足一年的時間，我只敢站在外頭，用極盡渴望的眼神看著、聽著，並且不甘心地抱不平：「他們小提琴那一部分好小聲，是缺小提琴手嗎？如果我去，我一定可以拉得很大聲。」

最後，我勇敢地向樂團自我推薦，也順利地進入樂團。

打球、練琴之後，我逐步減少對安眠藥物的依賴，最後終於克服了失眠的問題；原本因為課業與經濟煩惱而一片白的頭髮，也開始長出了黑色的髮根。

除了重拾羽球與拉琴，在別人的介紹之下，我得以結識在美國最重要的好朋友

Kevin，朱嘉宇。

Kevin大我兩歲，是一位來自臺灣的IBM電腦工程師，在美國讀完研究所之後，就留在美國就業。他是我在美國的百科全書，哪裡壞了要修、報稅怎麼處理，甚至駕照要去哪裡考比較容易通過，只要一通電話給他，馬上有答案。

我們買二手車，他幫我們一起找；我們要賣二手車，他幫我們一起賣。我們要搬家，他連貨卡都自己租、還自己開來，甚至連推車都貼心準備好。

私底下，我們也常常笑稱Kevin是一位精算師；只要三塊五毛可以買到的東西，他就不會讓我們花到三塊六。就以搬家那部租來的貨卡來說，他在行前就精算好路線，從租車公司到舊公寓、新公寓，再開回去還租車公司，居然沒有讓油表往下掉一格，我們連一塊錢的油費都無須支付，實在非常神奇！

＊＊＊

當金錢壓力逐漸鬆開深入我心的觸角後，我的心變得開闊了，學習也開始撥雲見日。

我在當訪問學者那兩年，所有的研究都沒能得出一個結果，當時我覺得自己運氣極差；卻沒想到，原來壞運氣也能翻身成為好消息。杜克大學規定，不得在就學時把現有的成果帶入博士班；也因此代表著，我在當訪問學者那兩年的摸索全都可以帶入博士班繼續進行。

有了那兩年的基礎，加上博士班第一年的衝刺以及不斷地實驗，終於在博士班第二年逐一解開了前三年實驗未果的問題。當一個裝滿水的氣球被戳破的時候，瞬間湧出的力量是強而有力的；我的文章開始一篇篇地產出，到了博士班第三年時，不僅有足夠領取畢業證書的論文量，甚至還能與老師們一起設計研究計畫，將來回臺灣時能繼續保持雙方合作。

最終，我用了兩年又七個月的時間取得博士學位。

三之九——美國的「阿母」、「爸比」

有一天，義大利作曲家羅西尼（Gioachino Antonio Rossini，1792-1868）的朋友跟他在聊天，聊到了蒐集癖；朋友笑說，有個人的興趣很奇特，專門在收集古代的刑具。

幽默的羅西尼一聽，反問：「那他也收集鋼琴嗎？」

這個回答讓朋友滿頭霧水，「我說的可是刑具，怎麼會有鋼琴？」

羅西尼笑了，直言：「那他一定沒有彈過鋼琴。」

一位知名的作曲家，竟然會覺得鋼琴有如刑具；身為一個醫學院畢業、成為心臟外科醫師的我，若說從小到大我就對讀書這件事情不是那麼感興趣，似乎也就不奇怪了。

我真的不是一個那麼喜歡讀書的人；但人生際遇總是在嘲笑著人們，愈是想急忙逃跑，就愈是插翅難飛。

好不容易苦讀完醫學院，從小小的住院醫師開始做起，熬過那幾年「住院」的日子，終於當上了主治醫師。走起路來每一步都踩踏著自信、內心已然變成「睿哥」的我，突然之間，來到了美國，又變回了什麼也不是的那個「小睿」。

在超市購物時，因為聽不懂收銀員講得飛快的英語，被賞了個大白眼；在臺灣曾經駕車高速地從宜蘭奔往花蓮回到醫院為病人開刀的我，在美國考駕照時，卻因為車速過慢而被退貨，再去補考第二次才終於拿到美國駕照。

美國的日子說來像是一場漫長的惡夢。不過，如果時間倒流，要再歷經這場噩夢，或許我還是會奮不顧身地跳進去；因為，如果沒有到美國，我就遇不上此生最重要的緣分。

認識他們，是在一個為海地震災募款的餐會上。

「張醫師。」她默默地走到我身邊來，在我的耳邊，用流利的臺語小小聲地說：「你要不要來我家玩？」

我不認識她；但是，在慈濟的團體中，多的是這樣待陌生人如一家親的熱情，因此我也不特別意外。那天回到住宿處，我跟一起來美國念書的太太說：「師姊都那麼熱情邀約了，不如我們就去吧！」

雖然研究工作忙碌，我與太太蘇桂英醫師（左三）仍抽空參與慈濟活動。二〇一〇年，於美國北卡洛麗為海地震災上街募款。

她的想法與我如出一轍，我們就這樣順著她給的地址來到她家，接受她與她先生的熱情款待。

幾次拜訪之後，我們漸漸熟悉；雖然才見不到幾次面，但我們的相處是如此地自然、沒有距離，甚至可以說是一見如故。

某次週末，我們又來到他們家，在聊天中談到她的一雙女兒；我想，機會終究是來了：「那妳還想不想多個女兒？或是多個兒子？」我的語氣雖然輕鬆得像是開玩笑，但當時我與太太心知肚明，這句輕鬆話語的後頭有真誠在支撐。

「我已經有兩個女兒了，當然是想要個兒子！」

「那好，我給妳當兒子！」

她樂翻天了！開始計算著自己跟我的歲數，是否真有資格可以當我母親？算一算，我們差十九歲，年齡差是過關的；這下她更樂了，不停地歡呼：「是真的嗎？」

「可以嗎？」

但好一會兒之後，她逐漸從歡樂的情緒中冷靜下來，對我說：「也不是說不行……」

她的動搖跟猶豫，讓我忍不住擺出難受的模樣，直說：「我要給妳當乾兒子，你還打槍我？」

「不是這樣啦！」她急忙解釋的樣子像極了小女孩，但解釋的字字句句卻都是成熟大人才有的睿智：「你是你們家唯一的兒子，怎麼能這樣隨便說要當我乾兒子呢？我不敢有這個妄想……你先問過你爸媽的意思，他們同意再說吧！」

她的謹慎讓我訝異；也讓我學習到，這十九歲的差距，竟然是如河流般的開闊。

我聽了她的話，打了通越洋電話回臺灣。聽了我的請求，爸爸先開口問：「那位師姊大你幾歲？」我聽出他語意中的真實含意，他其實是想問：「她的年紀要生你的話，生得出來嗎？」

知道她的歲數之後，爸爸就不再執著了，認真地說：「十九歲的話，如果早點嫁人、早點生，要生你也生得出來。」

我媽則是一下子就同意了；自己的兒子多一個人疼愛與守護，她自然是樂見其成。腦筋動得快的她開始在電話中羅列往後我該如何稱呼：「是要叫她阿娘？還是阿母？姨ㄚ？」

最後，乾媽挑了「阿母」這個詞。她說慣臺語，說國語像是走在一段沒有鋪平的路，「阿母」正符合她慣用的語言；她笑得甜，直說「阿母」叫起來才更親。

而她的丈夫對於收我當乾兒子，也是舉雙手贊成。只是，他到美國久了，個性、脾氣都混著美國風，直說：「你以後就直接叫我英文名字 Bobby 就好了。」

* * *

從此之後，我們夫妻倆在美國開始有個家可以回。只要是博士班課業忙得過來的週末，我們就會跳上車；那段前往乾媽家的路長達四十分鐘，路途雖然不短，但沿路的景色都因為美好的心情而繽紛。

我們的胃也因為有了家，再也不會只有生菜沙拉假扮成的熱菜。

認識他們之前，在美國的那兩年，我們每天中午的便當常常是底部一層白飯，上面鋪滿生菜，再淋上滷汁；到了用餐時間送進微波爐，湯汁混著生菜加熱後就成了「燙青菜」。

足足兩年的午餐，我們都是這麼打發的；如果羅西尼地下有知，這種菜色絕對會讓熱愛美食勝於音樂的他大為跳腳。

乾媽劉美鳳是我在美國最堅強與溫柔的後盾。（上圖）
兒子小杰出生後，與美國乾媽劉美鳳、乾爸 Bobby 共享喜悅。（下圖）

羅西尼在人生才過一半的時候，就過起了退休的生活，並且時常在家舉辦宴會。宴會上他若興致與靈感一來，就會坐在琴邊，將剛剛浮現腦海的旋律彈奏出來給大家共賞；而為這些音樂取的名字常與美食脫不了關係，比如「酸辣鯷魚醬」、「好小的一顆碗豆」。

他甚至曾寫出一首組曲，以四道前菜命名，分別為「櫻桃蘿蔔」、「鯷魚」、「醃漬小黃瓜」以及「奶油」。

人們常笑稱羅西尼是位吃貨音樂家，他也樂享其名。而乾媽與 Bobby 對於食物的執著，也與羅西尼無異；畢竟 Bobby 打從年輕到美國時，就是做餐飲的。他說，他在餐廳工作時先從洗盤子開始，逐步升格為能切菜、炸食的「爐尾」，過了好一段時間才終於升上二廚；後來改到西餐廳上班，負責烤牛排做了一年。回到中式餐廳又過了幾年堆疊出足夠的能力之後，才終於自己開了餐廳。

他們不允許我們再這麼虐待我們的胃，總是極盡所能地在我們住他們家的期間變換菜色，細心留意我不吃的各種食物與烹調手法。為了讓餐桌上的美食能有所變化，乾媽甚至時不時就上 youtube 找各種食譜；有一次，為了讓我們吃到道地的臺灣蔥油餅，甚至不惜打越洋電話詢問朋友作法！

有時候我怕她累，只要吃到好吃的餐廳，就會帶他們外食。

「你喜歡吃這個？」乾媽夾著韓國餐廳端出來的招牌菜，認真地問我。

「好吃啊！」

下個週末再去她家，她已經將那幾道曾經在餐廳桌上出現的菜色完美複製。她極盡所能地愛我們，用她最溫柔的方式。

喊我一聲「兒子」彷彿是她此生最甜蜜的事。有一次她打電話來，熱情如火地高喊一聲「兒子」，我的手機便出現故障的警訊，起初以為是收訊不良，事實卻是，這支手機的耳擴是紮紮實實地被她喊壞了！

我們總有聊不完的話，總是要聊到三更半夜才肯勉強對彼此道晚安。

有一天，就當我們要各自走回房間時，她突然轉頭問我：「你的電話不是壞了嗎？新款的 iPhone 明天上市，要不要去排隊？」

「好啊！」我以為她是開玩笑的。

Bobby 則在一旁說：「天氣那麼冷，要排多久你們知道嗎？你們要排自己去排，也不要買給我。」一向節儉的他嚷嚷著：「誰要是買給我，我用不習慣就直接丟魚池！」

那天清晨三點，我的手機響了，是乾媽的來電，電話裡的聲音掩不住興奮：「兒子，我準備好了，我們出門去排隊吧！」

我們在客廳會合時，她拿著一籮筐的東西，有排隊的標配椅子，還有一堆熱騰騰的食物。當時我還在笑她誇張，結果一到現場，竟然已經排了好長的隊伍；那時才清晨不到四點，我們拿到的卻是一百多號的號碼牌！

我已經忘了我們在天寒地凍中等了多久，但寒風沒有凍結乾媽永遠也燃燒不盡的熱情，她臉上的笑容還在：「以前看人家在瘋 iPhone，現在沒想到我們兩個人也跟著在瘋。」

我們還是多買了一支給 Bobby。

起初他還不以為然，「電話能接能打就好了，幹嘛用到這種智慧型的？」才過了幾天，Bobby 態度一百八十度大轉變：「有這麼好用的東西早就要跟我講了，怎麼不早點買給我呢？」

在美國有了家，煩悶的實驗以及短暫因為錢而過不去的關卡，似乎也沒那麼苦了。因為我知道，只要撐過了週間，「天堂」正在等著我；在那裡，有源源不絕、名為「愛」的料理，還有一對視我們如己出的父母。

三之十——臺灣的媽媽、爸爸

杜克大學那張畢業證書無論掛在哪一面素淨的牆上，都會讓整個空間顯得蓬蓽生輝。它就在我的辦公室牆上，提醒著我那段艱辛的歲月已經成為不會再回來的過去；也提醒著我，宜蘭那棟陪伴著我青春歲月的房子，是因為這張有著高貴燙金的證書才被賣掉。

在擔心沒錢念書的時候，爸媽毅然決然地把宜蘭的房子轉手給有緣人。為了讓我能無後顧之憂地完成美國的學業，他們一點也不介意房價正在低點；知道有人願意買，心一橫，毫不猶豫地就把那棟飽滿著無數歡樂、憂愁、爭執以及各種日常情緒的家給賣了。

搬家那一天，所有捨不掉的家當都已經上了車；爸媽二人手上拎著的，只是一些輕巧的隨身物品，但轉身離去的腳步卻很沉。他們逼自己頭也不回地離開，免得讓捨不得的感受將他們重重壓垮。

雖然轉頭離去的步伐是那麼沉痛，他們的心卻沒有半點遲疑。

許久之後，媽媽才坦白地告訴我，她在離開那間房子時，默默地流下兩行清淚。看著她談起那段過往時的雲淡風輕，我內心就百般不捨；畢竟，要讓這位堅韌果決的「黃老師」流下淚來，可不容易。

外婆早逝，身為長女的她面對著五個年幼的弟妹，承受著喪母之痛，又得一肩扛起母親的重責，「堅毅」自此開始成為她的人生代名詞，也成為她往後做任何事情的個人風格。

大學以第一名的成績自文化大學音樂舞蹈科畢業之後，她先留在母校擔任助教二年半，婚後隨著丈夫返回故鄉宜蘭，到礁溪國中、吳沙國中以及宜蘭國中擔任音樂老師。無論在哪一所學校任教，也無論學校是否重視音樂課，她總是拚盡全力地往前衝；我常開玩笑地跟她說：「妳根本就是把音樂課當做是理化課在教吧！」

她不甘只在學校發揮長才，也曾多次帶領國中學生踏出校門參與舞蹈比賽。媽媽自己編舞、排舞，拿下不少次省賽優等的佳績，更因此獲得師鐸獎的肯定。

這位學生口中的「黃老師」，個性外向、感性、急驚風；在人生大事上，卻選

二十一歲那一年，我以醫學生的身分坐在爸爸、媽媽以及姊姊身邊，臉上滿是光采。當時我們都想不到，幾年之後爸媽會把那棟充滿回憶的家賣了，只為成全我再拿一個文憑。（上圖）

杜克大學畢業典禮，爸媽從臺灣特地飛至美國參加，與我共享榮耀。（下圖）

擇嫁給了內斂、理性，還是個慢郎中的爸爸。雖然個性上大相逕庭，在家庭經營上卻相知相惜。為了讓一雙兒女能有更好的生活，爸爸節儉持家，媽媽則在學校下課繼續安排鋼琴家教課以賺取微薄的鐘點費。

小時候的我總是有點受不了媽媽的急性子；長大之後才知道，媽媽的向前衝，是犧牲她自己短暫擁有的休息時間，把那些分分秒秒都給了我們。而為了讓我在美國能安心進修，甚至不惜將她與爸爸胼手胝足的一生心血給賣了。她背對著那棟房子時所流下的眼淚，是為了我而做出的妥協，無怨無悔。

＊＊＊

我順利從美國回來之後，從升上大學二年級那年暑假就擔任我小提琴家教的黃衍繹老師來到我們家。他臉上的親切依舊，手裡則拿著一把與他匹配的小提琴；那把琴我只見過一次，幾乎無需在腦中費力思索，那令人難以忘懷的琴音就在我腦中迴盪。

不了解的人，每把小提琴看起來或許都大同小異；但是，對於拉琴的人來說，每一把琴都是那麼獨一無二。他把小提琴拿給我，告訴我，我爸爸已經付清款項，從此之後，這把琴就是我的了。

我拿起那把琴，就像第一次拿起它時那般地小心謹慎。試了幾個音之後，我在心中選定了一首曲子，順著記憶中的樂譜，拉了起來。

當音樂旋律徜徉在房間裡時，也將我帶往初次見到這把琴的時候。

「什麼時候會回臺灣？」在視訊電話裡，即使螢幕的解析度不甚完美，但黃衍繹老師臉上的興奮絕對不容錯認；「我最近找到三把很不錯的琴，聲音真的很棒！」

他不僅是國家交響樂團的團員，也跟許多世界級的指揮家、獨奏家合作過，他說好的琴，肯定是極品。

某一次假期回到臺灣時，我跟老師約了時間過去看看那三把琴。我不知道他還記不記得曾向我炫耀過這件事情，一陣寒暄之後，就切入正題地問他：「老師，你上次有跟我說找到三把很棒的琴，可以讓我看看嗎？」

他笑了，彷彿打從我踏進他家門時，就期待我提出這個請求；於是優雅轉身，大方地將其中一把他最愛的琴拿出來讓我試拉。他一向不吝嗇讓我碰他的好琴，打從他當我小提琴家教老師的第一天，就拿著他那把要價不菲的琴讓我拉，也讓我知道，有時候音色拉不好、拉不出韻味，不是技巧的問題，而是工具本身難以突破極限。

「這把琴真棒！」拉完琴後，我留下了這個評語，沒有一絲阿諛，百分百的真誠。

彷彿與有榮焉似的，老師咧著嘴，笑盈盈地說：「你喜歡？我等你！」

他願意割愛固然熱情，但我知道，自己不可能擁有那麼好的琴。這把琴少說也要上百萬，我或許能負擔得起，但少不了會有一陣子經濟吃緊；只是平常拉個興趣、紓壓，我其實不需要那麼好的琴，即使我很想擁有。

拉小提琴之於我，或許就跟鋼琴之於舒曼的太太克拉拉（Clara Schumann，1819-1896）。克拉拉是當代知名的鋼琴演奏家，她曾在寫給朋友的信中這麼說：「只要我一停止演奏，心情就會變得非常不好。對我來說，彈鋼琴等於是我的生命。」

當丈夫去世，成為單親媽媽的她要一邊帶孩子、一邊承受生活重擔，彈琴成為她生活中唯一的慰藉。克拉拉的心情，我想我是懂的；每當壓力與疲憊找上門，拉琴就能引領著我走入一個沒有紛擾的世界。即使工作再怎麼忙碌，我還是會每天拉琴；時間短，就拉拉音階；時間充分些，就拉個練習曲或奏鳴曲。

拉小提琴，已經成為我生命中不可或缺的一部分。

因此，當那把名琴就這麼大剌剌地躺在我那張與它身分不相稱的桌上，而且是屬於我的，心中的激動就像夜空綻放的煙火。

曲子才拉到一半，我已經難掩心中的激動。我把琴小心翼翼地放下，就像方才我輕輕地將它拿起；確認它安然之後，我拔腿就往樓下跑去，一把抱住我爸，痛哭失聲。

「謝謝」已經不足以表達我內心的感激。這把琴是我心中所愛，然而要價不菲；買下它的人，卻是一個在經濟上對自己極為苛刻的人。

爸爸的節省，來自於他小時候家庭的貧困。他一共有六個兄弟姊妹，有時候回憶起小時候，他總說著同一個故事：「你阿媽只要煮任何東西出來，馬上就會被一搶而空！」

他說，他們一家八口住的家不大，全家就一個房間；每到夜裡，不到三坪大的空間就擠著所有血脈相融的人。

「我也不知道什麼叫做過生日。」他笑得很含蓄，話語中有感情，也有感謝；「我的第一個生日蛋糕，是念大學的時候，你媽媽買給我、幫我慶生的。」

即使自己成家立業，他與我媽媽兩個人同為學校老師，當時教職的薪水雖然稱不上富裕，但也足夠無憂地撐起一個家、兩個孩子。

即使不再像兒時那般貧困，節儉早已深入骨髓，隨著骨髓液在他的腦中大聲喊話。

有一次，媽媽見他一條皮帶都穿爛了還捨不得丟，她看不過去，沒跟他商量就買條新的要幫他替換，還被罵呢！

這樣的他，賣了房子，讓我能夠讀完博士班；這樣的他，還買了一把上百萬的小提琴給我，只為恭賀我博士班畢業。

他一向不擅於製造驚喜。相較於我媽媽個性鮮明、有話直說，爸爸的話並不多，他把內斂全用在細心與細膩上，無人可及。我忘了自己跟他提過幾次這把小提琴的事情，次數肯定不多，可是他卻記下來了。

這讓我想起，小時候我總是習慣把零用錢存著，到家附近的雜貨店玩抽籤，一塊錢兩支籤；運氣糟的時候，連一塊糖也抽不到。

為了讓我開心，他買下整套抽籤組，包含紙籤、玩具應有盡有，開懷地告訴我：「來，爸爸陪你抽！不用付錢，一直抽都可以。」

他以為我會很開心，可是我卻潑了他滿臉冷水：「爸，這樣就不好玩啦！一點樂趣也沒有。」

雖然偶爾過於理性，但他心中的那分溫柔是無可取代的。

讀國中的時候，學校舉辦班際盃籃球比賽，我們班得了第三名。所有參賽的人都分到兩瓶鋁箔包裝的運動飲料當獎品，只會打羽毛球的我眼巴巴地看著、羨慕著，心裡很不是滋味。

我以為我的情緒沒有人發現，也在那所國中當老師的我爸卻注意到了。那天回家，我的桌上放著兩瓶飲料，跟那些籃球隊拿的一模一樣，是當年學生之間最熱門的運動飲料——生活 400。

我拿起吸管戳破那小小的銀色薄膜，也戳破了整天以來的愁眉不展，邊喝邊喃喃念著：「爸，你還滿會安慰人的嘛！」

＊＊＊

克拉拉的父親是一位知名的音樂老師。自小在父親的訓練之下，克拉拉以天才少女鋼琴家揚名音樂界；她曾感謝地說，之所以到了晚年都還如此熱愛音樂工作，父親的功勞最大。對我而言，從美國回來之後，重新回到臨床時的動力，也是來自於我爸。

看著那把要價不菲的琴，我想起醫學系七年級那一年，爸爸的那場病。

醫生宣判，他的甲狀腺長了一顆腫瘤，已經做了穿刺準備送化驗，醫生盡力地以最不打擊我們的方式宣讀他的判斷：「還不知道是良性還是惡性，但根據數據統計，男性的甲狀腺腫瘤大多偏向惡性。無論如何，手術是不能避免的。」

躺在醫院病床上的他，不像是平常的父親；雖然沒有顯現病症的痛苦模樣，但病人服讓他看起來顯得脆弱萬分。

「如果我今天是醫生，就可以幫我爸了。」只可惜，我還是一個醫學系七年級的學生，我什麼都不能做。

在那個時間與空間裡，有一段回憶逐漸浮現。那是我在實習的時候，跟著張耀仁副院長一起去看的病人，確切的病名已經忘了，只記得是癌症。有一回，病人狀況不錯，與我們多聊了幾句，他說他的孩子都很喜歡音樂；「我女兒是吹長笛的，我兒子是拉小提琴的。」

談起孩子，他滿心驕傲；也在那幾句話的短暫時光中，暫時擺脫癌症的箝制，容光煥發。

開刀之前，他的一雙兒女都到了，兒子手中還拿著一把琴；他告訴我們，請給他一點時間，他想拉首曲子給爸爸聽。

小提琴的音色在病房裡悠轉；即使關上門，也依舊阻擋不了名為「祝福」的琴音穿梭在整個病房區，那是鼓勵的化身。

即使至今想來，回憶有些斑駁，但病人滿懷感動的那一幕卻仍然鮮明，他邊聽邊流下眼淚。

於是，在爸爸開刀之前，我也效仿那個兒子的做法，在病房裡拉琴給爸爸聽；只是他堅強多了，眼淚沒有從他的眼角掉落。

手術後，醫生告訴我們一切順利，腫瘤也是良性的。

輕輕撫摸著爸爸送我的琴，回想起過往那一段在病房陪伴爸爸的歲月，勇氣開始隨著血液跑遍全身。

剛去美國的前半年，他也病倒過一次。他的心跳過慢，起初我認為是因為他長年都有在運動的關係；但他又表示，每到了晚上還會心律不整，心跳的速度整個慢下來。當描述愈來愈周全的時候，我開始感覺到事態嚴重，要是不裝設節律器，隨時都有可能撒手人寰。

我跟著一起進入手術室，主治醫師謝仁哲教授一見我，笑說：「你是外科醫師，不如傷口讓你劃吧！電池也讓你放。」

接到這個突如其來的任務，我沒有慌，還邊消毒邊跟我爸開玩笑：「你完了！以前對我那麼凶，抓到我沒練琴就修理我，等等我一定讓你很痛！」

玩笑話終究只是說來緩解爸爸的緊張情緒而已。當消毒完，蓋上無菌布，那時那刻，在我手術刀下的那部分血與肉，對我而言就只是一個傷口；而我該做的，是身為醫生該做的事情而已。

其實，從美國回來之後，難免有些擔憂：離開臨床多年的我再回到手術檯上，還能表現得一如當年嗎？但回憶提醒著我，在還沒拿到醫師執照的那一年、再替父親開刀的那一年，我都對自己充滿信心。

「如果是我爸的心臟，我有把握我會自己開。」不只一次在心裡這麼對自己說的話，如今言猶在耳。

二〇二一年四月，爸爸的心臟節律器電池即將用盡，必須再動一次電池更換手術，這一次由我親自執刀。在手術前的空檔帶著爸爸來到高階整合手術室，讓他知道我在醫院做些什麼。

握起弓，我將小提琴搭上肩，任由自己再次沉浸在音樂裡，讓自己回到過去那個懷持著自信的無畏年代裡，找尋點滴逝去的勇氣。

心臟小學堂：運動員的心跳較慢？

有些運動員的心跳會比一般人還要來得慢。這是因為，在他們長年的訓練中，心肌變得相當有力，即使一分鐘只有跳動五十幾下，其所能輸送出的血液量也等同於一般人一分鐘七十幾下所輸送出去的血液量。

第四樂章

仍在匍匐前進中

病患家屬先來說幾句話——

「這個醫生又年輕又虛弱，到底行不行啊？」

我先生註定要當一個「太空人」，動作只能慢不能快，更不能生氣跟暴動；因為要當凡人，他差點就死掉兩次。

他差點死掉的第一次，是在十年前。他當時是工地主任，關渡大橋、濱海公路等都留有他的足跡。那天已經下班了，但臨時有部一百多公斤的儀器要大家一起幫忙挪移，他也跟著幫忙；當下力氣是出來了，但一股氣沒調整好，岔掉了，他開始覺得痛，便趕緊到最近的醫院掛急診。當時醫生判定，應該是肌肉拉傷，給了一劑止痛針就讓他回家。

此時此刻沒有人知道，他的主動脈弓開始往下裂開，主動脈的血經由撕裂處不斷從真腔跑到假腔去；他對我形容，那種痛像是有人在活生生地撕開他的肉。再送急診；這一回，醫生交給我們的不是一劑止痛針而已，還有一紙病危通知書。

所幸，在住了一陣子加護病房並將血壓控制下來之後，真腔的血液慢慢地跟假腔的血流達到平衡。靠著身體的自我修復能力，他幸運地回到日常生活中。

而這一次再發病，我難辭其咎。

我們現在都從職場上退休，偶爾會跟三五好友一起規畫島內旅行。這一次，花蓮是我們的第一站，由我們當前導車。

「你開太慢了吧！離前面車子那麼遠，後面一堆車都在等你。」

我的叨念，讓開車的他有點不悅，直說現在這條路的速度規定是時速六十，他開時速五十九是遵守速限。

「你開太快了啦！我從後視鏡都看不見幾位朋友的車了。」回飯店路上，我又念他。這回他難掩不耐，甚至氣得直捶方向盤，「我才開三十耶！」

大概是在這個時候，他的主動脈弓又裂開了，但他勉強撐著感受到不適的身體，安全地將我們帶往飯店；進房間之後，他才難受地告訴我他有些呼吸困難！我們趕緊撥一一九，飯店也啟動緊急機制，陪著我一起照顧他，等待救護車來。

「你先生這個狀況，只有慈濟有辦法。」救護人員一到，初步判定後只給了我這麼一句話。救護人員的專業判斷我未曾有過懷疑，心裡質疑的是：「如果真的是心臟問題，花蓮的醫院能把他救回來嗎？」

我的心聲在抵達醫院之後，成為了話語，坦白地告訴慈濟醫院的醫生；但他們告訴我，情況很危急，他已經一刻都不能等了。

我看著醫生在極短時間內組織了開刀團隊，並且緊急地將值班醫師叫回來。凌晨一點零九分，手術正式開始。我在手術室外，始終忐忑不安；不斷地罵自己，明知道開車的人不願被人碎念，我為什麼還惹他動氣？如果他有個三長兩短，我就是間接害死他的人，一輩子都會活在自責與懊悔的陰影之中。

凌晨四點半，一位醫師從手術室走了出來；他的身形看起來很瘦弱，拿掉口罩的臉龐看起來相當年輕。沒有廣播通知，他直接走過來對我說：「林太太，我是幫妳先生動手術的醫生。林先生的手術很成功，妳放心，現在由其他醫生進行最後的傷口縫合。」

簡單交代完手術進行順利之後，看著他轉頭離去的背影，拖著沉沉的腳步，我心裡的不安沒有稍減；「主刀醫生那麼年輕，而且看起來一副要死不活的樣子，他真的可以嗎？」

我開始禱告，祈求丈夫能醒過來。奇蹟似的，在出手術室並推進加護病房後不久，他就醒了！

隔一天再見到這位主刀醫生——張睿智醫師，他的精神比前一晚好多了。一問之下才知道，他跟我兒子同年，比我預估的年紀大上一些，但還是非常年輕。

他雖然很忙，但每次來查房都不急著走；面對我的諸多問題，總是細心回答。他說，那天我先生的情況非常危急，他只有三分鐘的時間能把我先生搶救回來。刀一畫下去，血是用噴的；血噴出來之後，心臟才開始跳動，場面非常可怕，但現場的大家都臨危不亂。

我告訴他，起初我是想帶先生回臺北，因為我不知道花蓮有沒有足夠的醫療能量……他笑著拿出手機，給我看他拍下的那些專屬於手術房的儀器設備，告訴我，花蓮慈濟醫院的手術設備並不輸給臺北的大醫院。

他雖然謙虛沒說，但這一回我也見證到，原來花蓮醫生的實力也不輸臺北。

有一天，我先生問他：「你有這樣的醫術，應該早要被挖角走了。」

他只是笑，簡簡單單地回應：「我有我的理念，還是要待在這裡。」

手術過後，先生一天天地好轉。他每次來查房，即使因為忙碌，精神始終萎靡，但臉上的笑容始終沒有卸下，嘴巴上說的話永遠都是正面支持的話語；甚至還會自費買來保養品，要我們先不用急著回臺北，安心在這裡住院，把身體養好了再說。

我一顆心總是懸在那裡，隨身帶著筆與小紙條，想到有什麼問題就趕緊寫下來，等張醫師來查房時再拿出來一一詢問；他沒有過一次不耐，盡可能地回答，也盡可能地讓我安心。

某一天，我送他到門口，他回頭笑著跟我說，我跟我先生的個性像極了他的父母：「我爸步調慢，妳則是跟我媽一樣，緊張型的。」說完，他張開手臂給了我一個措手不及的擁抱，輕聲對我說：「妳不要那麼緊張。」

「其實你們可以回家了。不過……」他說，他還不準備開出院單；「再多待個兩天，我比較安心。」

他不僅年紀與我兒子相仿，對待我們也猶如父母。有一句話叫做「視病猶親」，我在他身上，實實在在地感受到了。

——覺得人生必須要做好事、遇到事情自然有人會帶我們度過難關的林太太

四之一——我真的有點怕

法國作曲家拉威爾（Joseph-Maurice Ravel，1875-1937）在第一次世界大戰爆發時自願從軍。他的任務是駕駛貨車運送軍備至最前線，每一天都過著九死一生的生活，也因此完全沒有創作的時間。

之於我而言，在美國的那一段日子，就像從軍時不得不放棄所愛的拉威爾，除了念書之外，完全沒有接觸臨床的機會。

在美國前後五年的時間不算短。前三年最不好過的時候，學習困難、經濟窘迫，而失眠更猶如置身前線砲火隆隆聲響中的硝煙，不僅阻擋視線，也加深恐懼與不安，讓一切變得更為嚴峻。

偶爾在安眠藥的幫助之下入睡，甚至不斷地加大劑量也不代表能獲得短暫的安寧，那一場場的夢境幾乎大同小異——我都在開刀。

但是，夢裡的那些手術都不夠痛快過癮。有時，夢裡的我一切準備就緒，謹慎地接過助手遞過來的器械準備下刀時，這才發現手裡拿的竟然是鮮橘刺眼的胡蘿蔔！諸如此類的離奇誇張情節不斷在夢中上演，嘲笑著我現實生活中的無能為力。

並沒有人規定我不得至臨床觀摩；只是我知道，在美國的分分秒秒都相當珍「貴」，研究還看不見成果之前，我沒有本事拿昂貴的時間去觀摩臨床。再者，我也不再是那個徬徨在成績與數字之中的青澀少年，現在的我對自己又多了幾分了解：只要我又看見臨床，就可能再也不願去投入研究了；加上各種的挫折與挑戰助威之下，或許真有可能半途而廢地飛回臺灣。

終於取得博士文憑之後，我才投入臨床觀摩；由於沒有美國執照，只能在一邊觀摩，不得親自下刀動手。手癢症候群無能紓解，那些看不見的蟻蟲大軍朝著我又啃又咬，曾有那麼一刻，我起過一念心：「不如我來考美國的執照好了！」

這個念頭最後讓現實給硬生生地壓扁；因為，若要考到執照，還不知道要花多久的時間，我還得回臺灣呢！

觀摩美國臨床只有短短的時間，但收穫頗豐。除了學習他們的團隊運作與心臟和肺臟移植的臨床處置，我還看到了微創手術、達文西手術、心室輔助器植入與導管支架主動脈瓣膜置入（transcatheter aortic valve implantation，TAVI）的發展；在二〇一三年的臺灣，這幾項手術都還不是那麼成熟常見。

許多與我有類似出國經驗的醫生，其人生故事在回國之後，大抵會開始進入到高潮，他們會將在國外的所見所聞發揚光大，一如拉威爾在砲火隆隆聲中存活下來之後，回到平凡生活的他開始大量創作，並寫出了獻給戰死沙場上烈士的《庫普蘭之墓》，這是由六首樂曲所組成的鋼琴作品，歌頌著前線士兵為國捐軀的情操。

但我只是一如以往地平凡；回國之初，不僅沒有代表作，甚至還得重新適應手術的節奏。

頂著美國杜克大學博士學位的光環，人人稱羨，唯有我自己心底明白，真正的我並沒有人們看見的那麼光鮮亮麗。一站上手術檯；生疏的感覺令我惶恐；那曾經熟練的技巧與判斷能力在這五年間生出點點鏽斑，令人膽怯。

「沒關係，我會幫你。」此時此刻，伸出援手的依舊是老師。那時，張比嵩老師病倒了，正在進行一連串的積極治療；陪著我的是趙盛豐老師，他要我別擔心，盡管上手術檯。

第一檯刀，他放了一個並不困難的手術給我，那檯繞道手術順利結束後；不久，他又挑了一檯刀交付於我。這次他大膽許多，這檯刀即使是長年在手術檯上奮戰的醫師，都覺得艱難；那是一個再次開胸的二尖瓣膜手術，由於心臟沾黏得厲害，開刀過程並不容易，技巧中還得伴著小心謹慎。

欣慰的是，我不負老師所望，圓滿下刀。

「這檯刀那麼難你都可以了，看來你的技術與手感都回來了；這檯會開，其他手術都會開了。」趙盛豐老師這次放手的速度，遠比我當住院醫師時還要信任我。

人生何其有幸，無論初出茅廬或又稍長幾歲，老師始終在前方，用寬闊的肩膀頂著我頭上的天。

對於我離開臨床五年的生疏與膽怯，張比嵩老師更直說，他一點也不擔心我。擅長比喻的他理所當然地說：「一個會騎腳踏車的人，十幾二十年沒有騎，突然給他一輛腳踏車要他騎，難道他就不會騎了嗎？」

他們雖然從不擔心我的技術會在手術檯上出差錯，但也不代表他們會殘忍地讓我獨自面對生疏所帶來的龐大壓力；每個人都在用自己能做得到的保護，陪著我重拾信心。

當時的我，就像拉威爾，即使得強忍著考驗，卻也那麼幸運。

根據歷史記載，戰爭所帶來的陰影，讓拉威爾開始出現失眠的問題，並且經常性地頭痛；雪上加霜的是，在一場車禍意外後，更加劇他的腦部病變，出現失憶與失語的症狀。最後連自己的名字都寫不出來的他，再也無力創作了。

從美國回來之後，即使開刀技巧與手感很快就回歸，但手術檯上的判斷力要重新找回來仍是條漫漫長路。那幾年，說實話，我有點怕，怕自己會像拉威爾，再也無力投入熱衷的工作。

拉威爾身心皆苦，卻不孤單，他的朋友與他的弟弟時常來陪伴他，陪著他一起聽音樂會，讓過世前的拉威爾無論是身或心都有所依靠。拉威爾有此幸運，我又何嘗不是？長達好幾年的時間裡，我身後的大山始終都在。

＊＊＊

雖然判斷力無法一時半刻就找回來，但忍了那麼多年之後，我的「手癢症候群」終於得以解脫了。也幾乎在這個時候，醫院引進了院內第一臺達文西，起初只運用在泌尿科。由於泌尿科手術大多都是在極小的空間裡做最複雜的工作，即使是微創手術，也會因為人類雙手與器械控制極限而造成操作上的死角，而達文西可以完全解決這個問題。

時代與科技的進展推動著醫療的進步，達文西早晚都會進到心臟外科來；即使微創手術足以應付許多心臟方面的手術，但在某些手術上仍有其限制。例如，二尖瓣膜的病人因為瓣膜位置較深，微創手術就有些手術器械限制問題；相較起來，達文西更為合適。

早在美國的時候，我就在臨床上看到達文西在心臟外科手術中的實際應用。

「好酷！」我當時的第一反應就像孩子遇見最新奇的玩具；實際操作之後才知道，要好好地操作達文西並不容易。因為，它在使用上，既沒有手感，也沒有力的回饋，完全只能透過視覺代償所有的感官。簡而言之，在操作過程中若碰撞到其他組織器官，操作者是毫無知覺的。

只能仰賴眼睛，並捨棄掉所有的觸覺感受，主刀者若不夠熟練，就意味著這檯手術將不夠安全謹慎。

傳統手術中，醫師們的雙眼沒有任何屏障，不僅能看見身邊的護理師與助手們的動作，同時也能抬眼細看病人此時血液動力學等數據資料。可是，在達文西手術中，我只能將自己的臉埋進巨大機器中間的凹槽裡，像是帶著一個半罩式的頭盔，

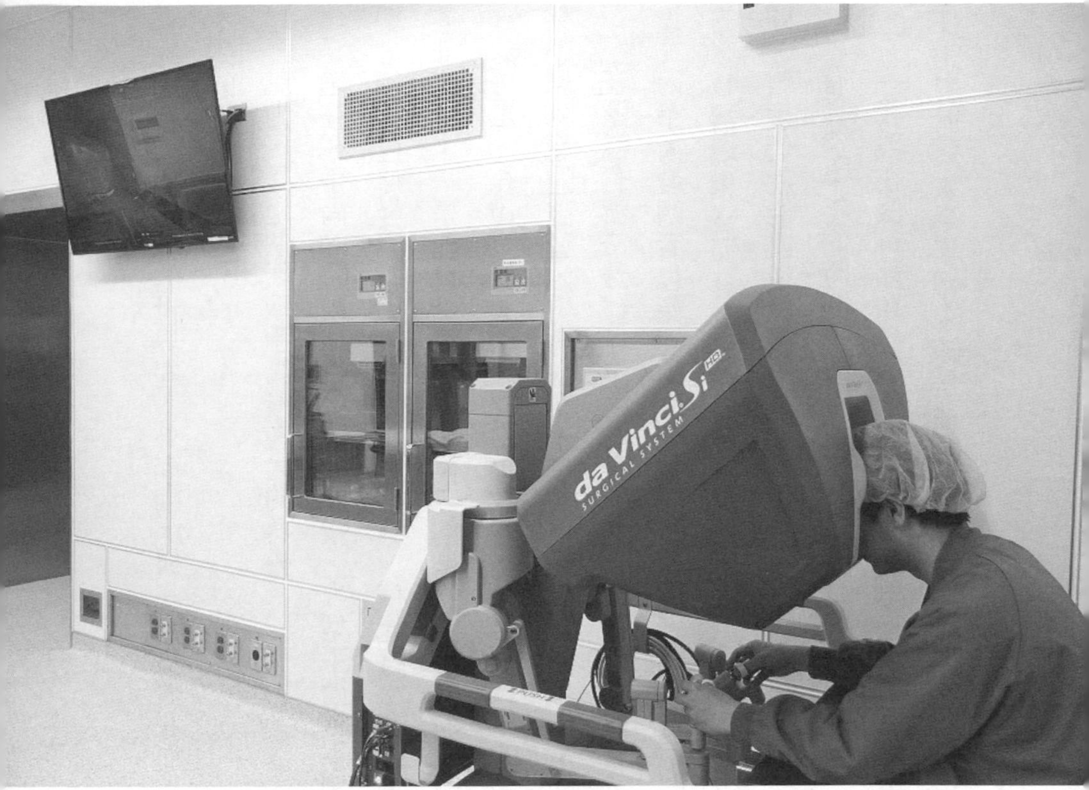

藉由達文西模擬器練習手術手感與操作；熟練之後，才能讓日後的手術更為順利。

被封閉在一個獨立的世界裡；外面的一舉一動之於我而言，是一個距離很近、卻看不到的世界。

壓力，是這個新型手術最龐大的負擔。

過往在手術的時候，我習慣聽音樂，大型手術也不例外，選擇的大多是古典音樂，例如拉赫曼尼諾夫、蕭邦、貝多芬、莫札特；在幾乎來者不拒中，有兩個必要遵守條件，一是曲目必須熟悉，再者則是不能有劇烈的節奏起伏。

可是，在達文西手術過程中，我得捨棄這個長年的習慣。畢竟，我已經很不容易聽見外面的聲音，再有音樂干擾，更是無法與手術室的工作團隊溝通。

在還沒有辦法熟練達文西的操作之下，我們不敢貿然在病人身上操作達文西。達文西手術發明者也深知醫生練習的重要性，因此特地開發一套模擬器，模擬器中的３Ｄ情境相當逼真，只要能克服要價不菲的高昂費用以及工作中有限的休息時間，醫生們就能盡情練習。

有長達半年的時間，每至週末我一定到醫院報到。

「我現在假日都在打電動。」自從賣掉宜蘭的家之後，爸媽搬來花蓮與我們同住；對於這大半年週末總是往醫院跑，我自然是要跟爸媽解釋的。我繼續對爸媽說：「我玩的這部電動一臺就要一億，一個卡夾五百萬，很厲害吧！」

不意外的，耳邊傳來驚呼聲。

心臟小學堂：達文西機械手臂

達文西機械手臂的優點除了能在狹窄的地方活動自如，甚至還能模仿人類的雙手，進行旋轉、夾捏以及抓取的動作，結合高解析且立體的手術視野，在心臟瓣膜修補、心臟瓣膜置換、冠狀動脈繞道手術上都能發揮良能。

不過，並非所有患者都適用達文西手術。例如，心臟功能不佳、過度肥胖、同時進行心臟多重術式或罹患有慢性肺病的患者，都得經過仔細的風險評估後才能決定是否能執行達文西手術。

四之二——開刀開到手抽筋

我很慶幸他們的旅程還沒有往南部走去；如果他們今晚住的不是花蓮遠來飯店，而是南下臺東夜宿的話，林先生可能早已魂歸西天。

即使已經是主治醫師了，我時常還是像個住院醫師般，沒日沒夜地留守醫院；尤其是在需要值班的日子，能不能安穩地睡個好覺，就只能任憑運氣主宰。

當林先生被救護車緊急送來之前，我已經連續兩天沒有睡覺了。雖然還沒有打破當住院醫師時三天兩夜不得闔眼的紀錄，但我已經不是那個二十多歲的少年郎，體力與精神早已經隨著歲月逐漸衰退。

星期天晚上我開了一個緊急的主動脈剝離，手術完畢已經接近凌晨；所幸病人恢復得很不錯，我抓了大概有兩、三個小時的休息時間。

等待著我的是另一檯禮拜一我早已排好的常規手術行程，步出手術室已經是下午三點多，旋即趕往教室替學生上課。正當我結束課程不久，一個緊急的主動脈剝離患者被送進醫院；那晚，我們從十點多奮戰到禮拜二早上七點多，終於將他搶救回來。

看了看時間，剛好能趕得上院長室會議，於是我換了一身乾淨衣服前往與會，會議結束後又忙不迭地開始看門診。好不容易熬到門診結束，學弟來了一通緊急電話：「學長，現在有個葉克膜的病人，狀況不是很理想……」

我連嘆氣的時間也沒有，拔腿就往學弟所在的病房跑去。當安頓好病人之後，我天真地以為今晚終得好眠；雖然「值星帶」還掛在身上，但我一直堅強地告訴自己：「我才不會那麼衰呢！」

拖著疲憊的身軀回到家，衰神就找上了門。電話來了，我看了一眼時間，晚上九點剛過。

「學長，又一個主動脈剝離，狀況非常差，已經有心包膜填塞。」

「不會吧……」我的哀號聲還沒有喊到最後一拍，學弟又急急地說：「病人太太說他們是臺北來的，想轉回臺北治療……」

這回換我不讓他把話說完：「不可能！不要說回臺北，他一出我們醫院可能就死了。」

說話的同時，我已經在前往醫院的路上。這位林先生狀況危急到我甚至來不及先見林太太一面，也沒時間向她解釋手術的內容與風險；因為，多拖一分鐘，他的生命就多一寸沒入死神的黑色斗篷中。

在最壞的狀況下，若要找到一絲安慰，或許就是他們沒有往南留宿臺東。臺東當時還沒有足夠應付緊急主動脈剝離的醫療能量，即使以最快的速度坐上救護車，還是得迢迢北送到花蓮慈濟醫院；以林先生的狀況，在半路就可能被死神收割靈魂。

幾乎是下意識的，在換手術衣時，我喝了一瓶提神飲料。我深知，以我現在連走路都有點微微不穩的狀態，只能拿出一點健康跟魔鬼換取多一點精神；至於這樁魔鬼的交易要償還的代價……人命在前，我早已經無法顧及一切必須承擔的後果。

林先生已經瀕臨死亡，那條直直貫穿黑螢幕的白線提醒我們得盡快做出決定。我選擇最考驗醫生的那條路——把握腦部缺氧的黃金等待期間，在這個期間內把胸骨鋸開、心包膜劃開，血一噴出來，心臟八成就會跳了；若不跳，我也能採直球對決的方式，直接伸手進去按摩心臟。

可預期的狀況全都寫在我的腦中，包含我可以執行的時間——三分鐘。

我必須搶時間。首先，我捨棄了鋪兩層消毒布單的習慣，只鋪一層就蓋上防水單，第二層消毒布單可以等心臟跳動之後再追加，這樣就可以幫我多爭取三十秒到一分鐘的時間。防水單一蓋，分秒不差地開始鋸開胸骨，胸骨直線鋸開完成，總計約十五秒鐘。

當年，我在鋸開康爺爺胸骨時，花了多少時間呢？

還有，在當住院醫師的時候，力氣不大、總是鋸不動胸骨，還被人輕笑「你看，張睿智又鋸不動了」的那個我，又花了多少時間？

無論如何，我都慶幸，眼下站在林先生面前的是現在的我，不是那個花了好些日子糾結而鋸不開康爺爺胸骨的學子，也不是那個鋸個胸骨就汗涔涔的「小睿」。

三分鐘裡，聖桑（Charles Camille Saint-Saëns，1835-1921）那首《骷髏之舞》的詭譎旋律不斷響起。這首曲子是根據法國詩人卡查理斯的〈幻想師〉所創作的管弦樂曲，故事描寫：每年在追思亡者的節日「萬靈節」午夜，死神會大方地讓所有墳墓裡的骷髏醒來，伴著他的小提琴演奏；骷髏盡情舞蹈並用骨骸在墓碑上敲打節拍，直到晨曦破曉、公雞啼叫，這些亡者才會回到他們的墳墓之中。

如果我的速度不夠快，林先生就會跟著這些亡者一同離開人間，前往那個世人未知的世界。

＊＊＊

還好，他沒有跟著去。三分鐘後我完成了所有急救的動作，而他的心臟正在我的眼前以規律的節奏奮力鼓動。即使還沒完成最後的縫合，我也知道，他不會去了，他會繼續留在人世，陪伴在手術室外頭焦急等待的太太身邊，繼續完成他們曾許下的每一個約定。

只剩下最後的傷口縫合，眼見這檯手術就將大功告成；沒想到，我的手指卻開始抽痛了起來。死神似乎不滿意我的所作所為，不顧我的抗議，一根根地用力扳動我的手指，一根接著一根地朝著手心的方向縮去，食指、中指、大拇指一根一根地罷工。

「給我等一下！」我試著叫喚自己的手指聽話，而手術室裡所有剛鬆了一口氣的人正等著我縫合；眼見我的手指頭一根根地抽筋，他們的瞳孔被震驚所覆蓋。他們靜靜地停下手邊工作，以不給我壓力的方式，看我忍著劇烈疼痛、一根一根吃力地將手指扳開。正當我們以為即將恢復之際，我貪心地試圖握住器械；結果，這一丁點地用力，就讓那雙不聽使喚的手瞬間攣縮成一顆球，像極了日本動漫裡的哆啦A夢。

我吃力地把手套脫去，讓疼痛緩和下來；只是，微微地舒緩不足以支撐我繼續執行縫合手術，痛苦的汗水已經在額上凝結。再看一眼林先生的所有指數，每一個有意義的數字都在告訴我：「可以了」、「沒事了」。於是，我將最後的縫合交給學弟，拖著雙手抽筋以及疲軟的身軀，走出手術室去向林太太說明手術狀況。

事後冷靜下來，恐懼爬滿全身。因為，可能死在手術檯上的不是患者，或許是我；死亡原因，毫無疑問的就是過勞死。

我很慶幸自己挺過了這一關，林先生也是；他送到醫院時已經失去了心跳，手術過後進加護病房就醒來了，比我們預計的都快。趁著門診空檔，我到加護病房去看他，卻意外地看見他被五花大綁在病床上；不只手腳被綁住，連胸口也有布巾纏繞約束。

「他剛醒來就一直亂踢人，非常躁動。」一旁的護理師滿臉委屈；她說，他們已經被踢好幾腳了。

我走到林先生的身邊；如今，我才真正看清楚他長得是什麼模樣；在手術檯上，我看清的只有他的心臟。

他雖然身材偏瘦，但躁動的力氣卻意外地大。

「我們幫你鬆綁好不好？」我說話的同時，一旁的護理人員緊張兮兮地小聲勸阻我，不斷說著：「小睿醫師，不要！」

「不會怎麼樣的。」我知道，這場病、這場手術都不在林先生的人生規畫中；突然之間睜開眼，發現自己身上插滿管線躺在一個全然陌生的環境，因為害怕而躁動，完全可以想像。

「林先生你醒來了嗎？我們會幫你鬆綁；可是，你不要亂拔管線，也不可以亂踢人、打人。」

「我沒有瘋，我是清醒的！」他想要我為他解開，卻不想承認自己此時此刻情緒尚未平歇。

「你就是不清醒！」一般而言，我是不會用這麼強烈的口氣對病人說話的；不過，三天兩夜沒有睡眠，也讓我失去了些微理智。「我半夜沒睡幫你開刀，才讓你活下來；你這樣亂拔亂弄的，有個萬一怎麼辦？還有，這些護理師的年紀都可以當

經過搶救與治療，好不容易才將林先生從死神手上搶救回來。

你女兒了，你怎麼捨得這樣亂踢人家？」

我嚴厲的口氣與話語中的動之以情，終於讓他安靜了下來。替他鬆解手腳以及身上的所有限制之後，林先生依承諾不再躁動，乖巧得像隻看見陽光的老貓，並且配合我們的所有治療與照護方針。見他狀況沒問題，我才安心離去，緊接著去看那些等著我的門診病人們。

前往門診的路上，正好碰到科裡的鄭伊佐醫師，他一方面幫我加油打氣，一方面也不禁開玩笑說：「這就是傳說中被主動脈剝離連續攻擊的男人嗎？加油！」面對他的鼓勵，我只能苦著一張難看的笑臉回應；因為，我的值班還沒結束，我只能暗自期待，能平安度過最後的值班時間。

那天上午門診結束後，我躲進辦公室獲得短暫幾個鐘頭的休息時間，接著又回到手術室開刀，接下來則是晚上主持外科分科主任會議以及住院醫師座談會。當這些常規的業務做完後，「筋疲力竭」四個字已經不足以形容此刻的身體狀況；要不是硬撐著，我可能早已癱軟在醫院的走廊上。

「我終於下了這一輪值班了……」用剩下的稀薄力氣，我輕聲地安慰自己，終於獲得解脫。

心臟小學堂：主動脈剝離

主動脈壁共有三層，分別是血管內皮層、中層與外纖維層。當主動脈血管內皮層出現結構性問題導致撕裂，血液就會從這個撕裂處進入血管內皮層與中層之間；當大量的血液灌入，就會沿路將血管剝開，可能造成腦部或器官灌流不足，或是出血造成心包膜填塞，也可能造成冠狀動脈被擠壓與主動脈瓣膜逆流。這些情況都可釀成致命危險。

主動脈剝離又分為甲型與乙型，或稱A型與B型；甲型／A型需要緊急手術治療，乙型／B型則可視情況以藥物或主動脈支架治療。

四之三——為了病人打架的我

俄國作曲家柴可夫斯基（Peter Ilyich Tchaikovsky，1840-1893）在一八八〇年寫下的《一八一二序曲》獲得眾人的喜愛，即使經過數百年，在二十一世紀的現在，仍能在不少廣告作品與慶典中聽見。

然而，作曲家本人對這首曲子的評價卻不高。在作品完成之後，柴可夫斯基寫一封信給他的經濟支持者梅克約夫人，信上表現出他對這首曲子的厭惡，他在信裡這麼說：「這首曲子非常吵鬧，而且相當喧嘩，根本沒有任何藝術價值，我在寫的時候一點也沒有熱誠與愛意。」

即使在自己熱愛的創作中，柴可夫斯基也曾迫於現實，譜寫出他最不喜歡的曲風。我呢，始終珍惜著披上白袍的滋味，即使再累也不曾後悔踏上這條路；但是，在醫院裡，偶爾還是會吹來冷冽的風將我的熱情凍結。

那一道道刺骨寒風，就是病人；即使人數並不多，卻已足夠將我深鎖寒冰之中。

例如那位退伍軍官。

他第一次來找我的時候，整張臉的毛細孔裡流露出希望：「別人介紹我來的，希望醫生你能幫幫我。」

他的症狀並不難解決，是主動脈瓣膜與二尖瓣膜狹窄，別人介紹他來找我替他動手術；但我謹慎評估後，告訴他，目前狀況並不危急，手術還可以再緩緩。雖然解消了他原有的起心動念，但也給了他充分的理由：「你的心臟問題還可以再觀察，目前還不到需要開刀的地步；再者，因為你長年在洗腎，這手術一動下去，不僅過程困難，後續照顧也不容易。」

診間裡，兩個首度見面的人看著彼此，細細咀嚼對方的話語；才不過幾分鐘時間，我很感謝他用理智堆疊出對我的信任，並且同意我的判斷。接著，有長達兩年的時間，我照顧的不是他的心臟，而是洗腎的血管。

隨著時間過去，他心臟的惡魔已經開始在蠢蠢欲動，休克找上他的次數開始頻繁。

「我想現在是不能等了。」聽著我吐露的一字一句，憂愁的霧霾在他的眼裡擴散開來。腎臟疾病已經將他的人生擊敗過一次，好不容易在這幾年間重新適應不同的人生，並且在家人的溫暖圍繞下摸索出生活的平衡；眼下，心臟的問題卻更是棘手。我知道他的神經已經瀕臨斷裂邊緣，於是趕緊把最負面的話說完，接下來是要給他信心與希望：「我們會跟你一起努力。」

兩年的相處，讓他比第一次來找我時更信任我，這檯手術的排程在幾乎沒有疑慮中，很快就定了下來。

可喜的是，他度過了心臟手術以及預後所帶來的難關。正當我們以為可以安心之際，命運卻猛然地朝著他開了一槍：他的腸胃道開始出血；併發症來得突然，令所有人都措手不及。

他在加護病床上掛著的基本資料牌裡，我的名字被抽換下來，換上另外一位專科醫師的名字。此後的治療方向再與心臟無關，但我還是不時地往他的床位過去；促使我的腳步往他而去的，已不再是責任，而是一份情感。

他的狀況始終上上下下，離理想的狀態還有一段路要走。但是，即使仍在加護病房，我們內心的希望仍然不斷地唱著愉悅的歌；因為，他始終散發著不容忽視的堅忍與堅強，我們都認為他一定能再次度過難關

「張醫師，你要記得找時間休息。」探視時間到了，家屬走進加護病房看見我守在他的床邊，殷殷叮嚀；「我們每次進來，看你不是在照顧他，就是守在其他病床邊照顧別的病人，你真的要好好休息。」

「這是我的習慣。」我不是有意用一句話就打發他們的關心，而是因為，要向人說明自己的個性，需要許多時間來一一剖析；他們進加護病房的時間有限，我並不想佔用他們與病人的相處時間。

只要病人狀況不好，我就一定會守在他們的病床邊；打從跟在兩位老師身邊學習以來，「照顧狀況不好的病人」的這個傳統，早已經隨著歲月，融進我的血、滲進我的骨。

隨著他的狀況變好，甚至都已經拔管自主呼吸了，我們都以為，他一定能出加護病房。沒有人能預料，柴可夫斯基那首名為《悲愴》的第六號交響曲已經開始敲出第一個音符。

柴可夫斯基曾說，《悲愴》像是一首安魂曲；有如預言般，他在這首曲子初演過後幾天就染上霍亂，沒幾天後就離開了人世。

才短短兩天的時間，退伍軍官就從即將可以被宣告復原轉而跌落生命的谷底。

最後那一刻，家屬都到了，長年照顧他的外勞也在一旁紅了眼眶；同樣站在病床邊的，還有我。

「如果看得到，每個醫師後面肯定跟著一串人。」張比嵩老師總說，病人的離去大多都是我們所不能違背的天命；「你只要心裡坦然，自認已經盡力，就往前看，不要糾結了。」

老師的話我一向奉為聖旨；但只有這段話，始終被拒於我的心門之外。

「爸爸，你安心放下，我們一定會好好過我們的人生。」女兒俯身靠在他耳邊說著；字句雖然精簡，卻感人肺腑。在即將離別的此刻，她沒有被悲傷的情緒拉遠，有條有理地訴說內心所想：「你已經照顧我們很多年了，也為國家做了許多事情，你要放下、放手，不要再強撐，你這樣實在太痛苦了。」

她將自己最悲傷的情緒，化為最慎重的道別：「我們會好好照顧媽媽，也會把你教導我們的傳承下去。」

他的家人輪流地將想對他說的話一一訴諸，唯有我一句話也沒說，站在一邊流著淚，看著他吐出最後一口氣。

依依不捨地將視線從父親身上移開，他女兒轉過身來向我道謝：「張醫師，也謝謝你一直守在我爸爸的身邊照顧他。」

這個感謝之於我而言，實在過於沉重；我多麼希望，是在送他康復離開醫院時聽到這句話。

知名港星周星馳在《九品芝麻官》這部電影裡，有一句臺詞是這麼說的：「老佛爺是放在心裡尊重的，不是整天掛在嘴上說的。」

「視病猶親」這句話之於我而言，也不只是放在嘴上說說而已，我是真的放在心裡，奉行不悖。

倘若狀況並非危急到必須趕緊動手術，我會將手術排程往後排，盡可能地認識他們，也讓他們認識我。我會知道病人的名字、他有哪些家人，有時候還會知道一些他們生活的習慣，以及曾經在他們人生中所發生過的故事；同樣地，他們也多少會知道關於「張睿智」這位醫生，其實也是別人的兒子、先生以及爸爸。

信任，在點滴的認識中茁壯成長，也大幅降低手術前病人與家屬心中的不安與恐懼。

在那短暫的住院時間裡，我們開始成為彼此人生中最親密的夥伴。

＊＊＊

我生平第一次在醫院打架，就是為了病人；當時，我只是一個第一年的住院醫師。

當老師歡喜地宣告老爺爺可以出院時，我們趕緊透過各種聯絡管道，找尋那位送老爺爺到醫院之後就不曾再出現的兒子。好不容易他終於出現了，卻滿臉不耐，不時大肆批評我們辦理出院的手續實在太慢。

我在一旁聽著他的抱怨，怒氣猶如滾沸的岩漿不斷地冒出憤怒的泡泡。想到這些被他批判的人一直無微不至地照顧他的老父親，不寄望他能說出一句道謝，但那惡劣的態度、老父住院期間的不孝，令我忍無可忍。

沒有任何的前奏，我倏地把聽診器拿下來，並將手中的資料夾拋在桌上，朝著那個還在叨念著的魁梧男人衝了過去；當下，我只想將他狠狠地揍醒，卻完全忘了自己並不會打架。

混亂爆發，大家很快就意識過來正在發生什麼事情；護理師們勸架的聲音此起彼落，其他科的醫師用最快的速度跑過來把我一把抱住，架離那男人身邊，另外一群人則努力勸對方趕緊和平地離開醫院。

「我遠遠就聽到護理站在吵架的聲音，但我真的沒有想到是你。」把我架開的醫生即使過了兩天依舊一臉不敢置信；「那個人根本就是個流氓！你要慶幸我把你架開了，不然你一定被他打死。」

他叨念著我不自量力，我卻一點也不後悔揍人與被揍，沸騰的情緒還沒有隨著爆發而平息：「他太不孝了！」

現在的我，已經成熟，已經能沉得住氣、忍住拳頭；但是，跟病人搏感情依舊如昔。我可以為他們犧牲睡眠，並且顧不得可能會因為過勞而死在手術檯上；只要他們能健康地活著，我會投入身與心。

因為我怕說出「對不起，我盡力了」。這句話要說完，不用兩秒鐘，換來的卻是病人與家屬永遠都見不了面的遺憾。跟家屬說「對不起」的難受，無關乎面子、尊嚴，而是他們之間那份情緣即將終了所帶來的痛。

林先生出院之後，依約回診。看著他與太太走入診間，我不禁想，如果那天我沒掌握好那三分鐘，如果我沒有過往積累的經驗支撐著成功，林太太在手術房外迎接的將不是一個手抽著筋、因為兩夜沒睡覺而虛脫無力的心臟外科醫師，而是她丈夫將永遠離開她的噩耗。

如此一來，他們將不會再出現在我的診間，也將被迫著中斷夫妻偕老的承諾；而我，會如當時送走那位退伍軍官時，在好幾個月的夜裡獨自體會著《悲愴》所傳達的絕望與痛苦。

心臟小學堂：辦膜性心臟病

心臟總共有四個瓣膜，分別為主動脈瓣膜、二尖瓣膜、三尖瓣膜以及肺動脈瓣膜。當心臟跳動時，瓣膜會進行開合讓血流進出，確保血液行進維持單一方向；若瓣膜功能受損，開合就會變得狹窄，也可能會導致閉鎖不全與逆流。如此一來，心臟得更費力地運作才能供給足夠的血液；長期下來，會造成心臟的極大負擔，甚至導致心臟衰竭。

四之四——無法接受分離

「謝謝你把我外婆照顧得那麼好。」家屬眼裡的感謝散發著柔和的真誠；他的心意很難錯認，送我到病房門口，甚至還暖心叮嚀著我：「手術之後的這幾天，你都沒有好好休息，真的是辛苦你了。」

我確實沒能好好休息；因為，在那幾個手術後等待情況穩定的日子裡，我守在他外婆身邊的時間，加總起來或許比我的睡眠時間還要長。直到她的恢復狀況漸入佳境，一切數據都足以證明我可以安心出差時，我才放心地離開醫院。

我承諾他們，出差回來之後，一定馬上過來。

在一片祥和的感謝聲中，我離開了那張守候多日的病床；卻怎麼也想像不到，再回來時，那張床已經空了。

當時間積累帶來了足夠的經驗之後，醫生們建構起對每一個醫療方針以及每一檯手術的自信。只是，醫學上的難以預料就像躲藏在暗角的煤灰，冷不防地朝著路過的人播撒；各式各樣的併發症、敗血症、感染問題，時常讓醫生們感到措手不及。幸運的話，我們能再一次戰勝打擊；但也有些時候，只能吞下挫敗之苦。

即使深感無力，也只能遺憾面對。有時，家屬願意讓我們陪著他們哭，例如那位退伍軍官的家人們；有時，他們收拾著悲傷的情緒，一語不發地轉身離去。偶爾有那麼幾次，他們朝著我們破口大罵。

「你到底做了什麼事！」那個原本對我極為客氣和善的男人，失去外婆的痛苦讓他著了魔似地抓狂，指著剛下火車就到醫院探望他外婆的我破口大罵：「你一定有疏失！」

我只能啞口無言，震驚化為難受，慢慢地在心臟上侵蝕出一個愈來愈深的洞；前些日子那麼拚命的我，怎麼就感動不了老天，讓婆婆健康出院？

抬起頭看著眼前氣急敗壞的男人，我又怎麼能在他最傷痛時為自己辯駁，我真的已經用盡了全力。

我把握任何可能讓她康復的機會，命運卻選擇將婆婆帶離人間；如果能與之對抗，醫生也希望自己就像貝多芬，不屈服於命運。

史上最知名的音樂家之一貝多芬（Ludwig van Beethoven，1770-1827），在

三十歲那年發表他第一首交響曲時，他的耳朵就已經出現了問題；暫時性的耳聾令貝多芬困擾不已，但他始終未曾屈服，反而更努力不懈地創作。當時他若不說，也幾乎沒有人知道他的耳朵出現異狀。

他寫信告訴朋友：「身為一個音樂家，我怎麼可以跟別人說我是一個聾子？如果可以，我要抗拒這樣的命運。」

＊＊＊

但身而為人，很多時候我們無力抗衡。貝多芬終究還是聾了；我的二舅舅，在即將開拓新人生之際，滿腔熱血卻被一場車禍給奪走。

許多的兒時回憶在我不斷持續存入記憶時，因為被擠壓而逐漸斑駁，總有那麼幾個片段、情節與時刻，隨著每一次的心跳，渙散在某個時間與空間裡。但是，二舅舅的形象還在我眾多記憶中以帥氣的姿態奮力招手；尤其在他要準備經營那間小吃店前，臉上那堅定神情與迫不及待的笑容，鮮明現前。

二舅舅做過許多工作，但始終都引不起他持續向前的動力，直到他有了開餐廳的念頭。他在中華路上租了一間大小合宜的店面，緊鑼密鼓地開始張羅餐廳該有的設備、桌椅；足足有兩個月的時間，他眼底的認真鼓舞了身邊所有的人，包括我。

那是一個暑假，即將升高中的我有大把可以揮霍的青春；因此，只要得空，媽媽就會帶著我，從宜蘭開車，沿著蘇花公路歪歪扭扭地一路往花蓮去。我們能做的事情很有限，掃掃地、擺擺桌椅，但一點也不無聊；因為，二舅舅高昂的情緒，就像貝多芬的《第九號交響曲「合唱」》第四樂章終章的〈歡樂頌〉，每一個站在他身邊的人，很難不被他的情緒所感染。

但是，命運聽不見他的歌聲高昂；它選擇成為晚年的貝多芬，將耳朵關起來。開幕前兩天我才剛去幫他整理餐廳，店面整整齊齊，喜氣正濃。只可惜，開幕當天我不能去共襄盛舉，因為那堂補習課是我進入高中就讀前的第一堂，我非去不可。

補習回到家時，外頭天色已暗，只有點點華燈初上，為眾人照亮回家的路。我才剛打開門，姊姊就從房裡衝了出來；她紅著一雙眼，大哭著說了些話，雖然哽咽打擾了清晰，但也不難辨認其中字句——

「舅舅死了……」

下意識地，我知道她就是在講二舅舅；我搖搖頭，無力地想驅散這個壞消息：「怎麼可能，我前幾天還去幫他。」

「他死了……」

「你說的是哪個舅舅？二舅舅？」

姊姊點點頭，再也說不出什麼。她被悲傷給淹沒，我卻被震驚所擊倒。

在開幕的前一刻，他開著車外出，與一輛砂石車對撞；他的魂與魄被撞出了身體之外，帥氣的臉龐被扭曲在原本用來保護他的鈑金之中。

媽媽他們趕著去花蓮，要從慈濟醫院把僅剩殘破軀體的他給接回家。

二舅舅膝下無子，大舅基於習俗，就把自己的孩子過繼給他當義子。當時表弟還很小，只負責在最後一刻捧著幻化成骨灰的義父；身為家族中歲數最大的男孩子，後事中所有該是晚輩要做的事情，幾乎都由我一肩扛下。

自始至終，我都沒有哭。聽到他死亡的消息，我沒哭；後事處理時，每一個催人熱淚的環節，我也都沒有流淚。疑問與疑惑將我緊緊包圍，將悲傷拒於門外：「為什麼？他那麼努力要重新開始，為什麼就這樣走了？」

疑問中，憤怒醞釀成形：「如果生命說沒有就沒有，人為什麼要努力？」

我第一次哭，人正坐在宜蘭高中資優預備班的教室裡，突如其來的悲傷像極了一道湧泉，冷不防地破土而出；沒有啜泣的預告，我開始嚎啕大哭，心痛地承認舅舅已經死了。

舅舅死了，正要逐漸康復的老婆婆也死了，我對他們的死亡都不明所以。失去外婆的男子領著一群黑衣人衝進醫院時，我聽著他們說著我的不是、醫院的不是，心裡反而平靜；那不是因為自在輕安所獲得的安寧，而是在不解低谷的無力盤旋。

在那個火爆的場面中，我放任自己分心，想起了從未見過面的外婆。外婆在我腦中的形象，是透過媽媽的一言一語以及為數不多的照片拼湊出來的。媽媽說，外婆是一個小學老師；那一天，她說要帶學生到外地參加比賽，就出門了。當時誰也沒想過，這會是她最後一次踏出家門。

比賽中，死神以突發性的心臟疾病為由，將她從所有人的身邊擄走。當時，她的大女兒、也是就是我的媽媽，才不過十五歲，最小的女兒僅有五歲，還沒來得及將母親的身形與聲音存入小小的腦袋裡，母親就走了。

「其實我根本記不得媽媽長什麼模樣。」小阿姨每在談起外婆時，聲線中只有惋惜。

這家人以為，噩耗會在許久之後才會再度找上門；卻忘了，每一次悲傷離別，其實都難以做好準備，外公的離去同樣也讓所有人措手不及。

每一個認識外公的人，都說他很會喝酒。青年喪妻、面對六個年幼的子女，加上他身為教育局督學所承受的巨大壓力，讓他不得不在假日放鬆時以酒精麻醉自己。據他朋友說，外公可以在同一個餐會上喝不同的酒，但幾乎都不會醉。酒精無法讓這個男人倒下，但一場突如其來的車禍輕輕鬆鬆就帶走了他的魂魄。

意外發生在我國小三年級時。外公沒有當場逝去，還有機會和時間與死神搏鬥；在花蓮治療未果，家人決定送他到臺北，冀望著都市先進設備與醫生能夠延長他該有的人生。前後折騰了兩個月，在腹膜炎與敗血症接連打擊之下，即使不甘願，所有人都被迫接受外公必須離我們遠去的命運。

醫護人員為外公戴上氧氣，將他送上飛機，一路從臺北飛回花蓮，在那個他一手建構起來的家裡，他嚥下最後一氣，永遠地閉上雙眼，與世辭別。

那時我還小，不明白所謂的生離死別，悲傷的情緒並沒有在我心中蔓延；但整整有一年的時間，失去雙親的媽媽始終無法將自己抽離悲傷的漩渦；我常常看到堅強的媽媽在流淚，有時候她躲起來哭，有時候則是難掩情緒……

黑衣人的吆喝聲將我從過往的回憶裡喚了回來；他們說，他們需要賠償，否則就會將我們所有人都告上法院，讓醫院跟我都身敗名裂。

我多想告訴他，一直以來，對於生命突然驟逝，我也深感不解，比他們更拒絕接受名為「死別」的分離。

法務部門的同仁擋在我的面前，既不害怕也不畏懼；他拿出法令，有條有理地分析這並非是一樁醫療糾紛：「要交由法律裁定也是沒問題，就送鑑定證明我們沒有任何失誤。」

在法律上，我們沒有理由吃虧；只是，法律程序漫長，耗損的是大家的精神與體力。

最後結局，家屬領著黑衣人選擇離開，他們再也沒出現過。可是，我的內心的傷痕卻不曾撫平。

面對每一位病人離開，即使我心知肚明已經用盡了全力、用對了方法，卻還是會哭得猶如當時意識到舅舅已經離去、不再歸來的樣子。

貝多芬在創作《D小調第九號交響曲「合唱」》時早已全聾，因此他從未親耳聽過這首曲子。在發表首演那一天，當演奏結束，他還是在女低音演唱者的提醒之下，緩緩轉身，用他的眼睛感受到全場的喝采奔騰。

我呢？在與分離情緒共處的時光裡，唯一能扶著我轉身看見天明的，或許只有時間吧！

病患先來說幾句話——

「其實你真的不必跟我請假……」

那是元宵節的前三天，我的背部猶如一道閃電劈了下來，那股痛一路向下延伸到腰部，痛得我蹲伏在地。起初我以為是胃痛的老毛病，心裡想著，再過一會兒，痛楚就會一如過往緩慢地鬆開我的身體；但這一次，疼痛沒有放過我。

我去掛了急診；原本醫生也認為是胃痛，但為求仔細，照了核磁共振。報告一出來，醫生臉色凝重地看著我：「你要馬上住進加護病房，是主動脈剝離；不過，你很幸運，是B型。」

據說，如果是A型，十分鐘內就可能沒救了，根本不可能還讓我拖過半夜才到急診室。

既然是可以等待的，我跟太太一致決定，我們要轉院到花蓮慈濟醫院；身為慈濟志工，那裡是我們最安心的依靠。

我的主治醫師是張睿智醫師，我曾耳聞他是一個手術能力很不錯的醫生。我以為他會選擇在第一時間就替我動手術，可是他卻沒有；看了我的狀況之後，他希望我可以在加護病房住一段時間。

「我們先等等看，看能不能自己癒合。」他說，無論手術大小，這刀一動下去對我而言都是負擔；以我目前的狀況加上醫院的觀察與照顧，還有時間可以等等看。

但我們不是只能苦等；每一次來，他會與我點滴分享：如果真要進行手術，這個手術的流程會是什麼樣的狀況；「你的狀況比較特殊，上面破了兩個洞，下面整個都虛掉了；如果要做支架，就必須整條都要做。上面用覆膜型的支架撐開，下面則要選擇網狀的……」

他說得既用心又仔細；怕我聽不懂，還會打開手機用照片、影片搭配說明。

「傳統上，若你的狀況要動手術，肯定是開胸的大刀。不過，現在科技很進步，只要一個小傷口就可以放主動脈支架；而且，我們醫院剛蓋好高階整合手術室，定位與影像非常精準。」他將手機遞到我眼前，照片滑過一張又一張，告訴我這間手術室有多麼與眾不同，而這個手術又有多麼安全可靠。他說，他參與這間手術室所有興建的過程，如果哪天時間多一些，他就會多跟我說一些興建過程中的小故事。

我很訝異，怎麼會有一位醫生那麼用心仔細地告訴病人緊接而來可能要面對的手術細節是什麼，甚至連手術室都介紹得清清楚楚。

不敢說我完全能聽懂他說的每一個細節；但此時此刻，我覺得自己好幸運，一向臺南、花蓮兩地跑的我，發病的時候人正巧在花蓮。

我們耐心等待著自行癒合。然而，可能是因為家族性遺傳的糖尿病以及高血壓，我的主動脈剝離癒合不如預期，手術看來勢在必行。

在手術之前，為了確保起見，我必須再做一次電腦斷層攝影。從我住院至今到手術前，這個檢查已經做了三次，我很熟悉整個流程，一點都不害怕；反而是張醫師，顯得有些猶豫。

「我不太想再讓你做了，畢竟要打顯影劑；雖然你不會對顯影劑產生過敏現象，但畢竟還是很傷腎的……」他說，如果可以的話，他不想再讓我多做那麼一次；「可是，因為要動手術，得顧及手術品質與安全，不好意思，還是要麻煩你再做一次。」

當時我就想，這個醫生真的不一樣！何謂醫德，活了大半輩子，我這總算是見識到了。

我是那天早上的第一檯刀，醒來的時候已經中午了；叫醒我的人不是護理師、不是住院醫師，我睜開眼看見的第一個人，是張醫師。

麻醉後的發抖一直止不住；見我如此，他請護理師們把所有足以提供溫暖的暖氣燈都搬到我身邊，甚至還替我多搬來一床棉被。

他始終親力親為。之後住院期間，只要得空就會來看我；聽聞醫生巡房頂多一天一次，他早上來、晚上也來，有時候中間還會加個點心。

終於能轉普通病房的時候，怕被打擾的我決定選價格高一些的單人房。他聽了一臉擔憂地說：「可是單人房要花很多錢，你真的可以嗎？」

我笑了，嘴上說著：「有保險，沒問題的。」但心裡想的是：「這個醫生也太為病人著想了吧！」

某天，他一走進來，一臉歉然，不好意思地對我說：「鄭師兄，明天我要去臺南出差；可是你放心，我星期日就會回來了。」

「禮拜六、禮拜天你不在是理所當然的，你根本不必向我報備。」這回我已經止不住訝異，脫口要他別在意，儘管忙自己的事情去。但他聽了之後，還不斷地向我保證，回來之後一定馬上來看我。

果不其然，在他說會回來的星期日下午，他就準時到我的病床邊報到了；摸摸我的手、按按我的腳，一如以往靜心地數著我的脈搏。

證嚴法師常常讚歎大醫王們總是視病猶親；在他身上，我完全感受到了。

——有時回診還會被留下來鼓勵其他相同病症病人的鄭啟聰

四之五——你就哭吧！

我並不是神，雖然我一直很希望自己能夠是。

醫療無法解決生命所帶來的所有難題，即使有超過百分之八十的贏面，很多時候也不是一時半刻就得以看見；只能耐心守候，期待遠走高飛的康復，回心轉意回來敲門。

病人只要進加護病房，幾乎沒有意外的，我會守在他們身邊。

在他們的床邊，我能做的事情有限，除了瞪著儀器上的微幅跳動數據之外，身為醫師的專業在等待的此時此刻幾乎派不上用場。戴上耳機，聽著音樂，有時滑滑手機看著那些重要與不重要的訊息，有時拿起資料埋首苦讀；我能做的事情如此而已，作用不大，但我就想守著。

心裡有時難免也會出現不同的聲音：「與其坐在他們身邊耗時間，不如回家好好睡一覺不是來得更實際嗎？」

別人見到我時，我經常都是一副病懨懨的樣子；根本原因，就是來自睡眠不足。但是，與自己相處四十幾年，我心知肚明，就算回到家，我也沒有辦法好好入睡；即使蕭邦（Frédéric François Chopin，1810-1849）在世，或許也沒有辦法幫上我的忙。

有「鋼琴詩人」之稱的蕭邦，從小就展現他的音樂天賦。有一天，擔任教師的父親有事臨時離開課堂，孩子們開始鼓噪不安；見老師遲遲不回來，大家都玩成一片，吵鬧不已。

蕭邦為了讓孩子們安靜，於是走到鋼琴前坐了下來，一邊彈琴，一邊說著故事。

那是一個關於強盜的故事：有一群強盜原本要攻佔一座堡壘，突然轟的一聲巨響，嚇壞他們了；於是他們落荒而逃，跑了好久的時間，大家終於筋疲力竭，找到一個安全的所在時，大家馬上躺下來呼呼大睡……

隨著故事進行到此，蕭邦的鋼琴也彈得愈來愈柔和；而那群吵鬧的孩子們，也隨著故事與鋼琴聲緩緩地進入夢鄉。

如果我有那群小孩那麼好哄就好了。

每當有病人住進加護病房，徘徊在我腦子裡的，都是揮之不去的憂思碎語，就連拉小提琴也無法專心，耳邊總是傳來病人身上裝的主動脈幫浦所發出「砰砰」、「砰砰」的節奏；更慘的是，萬一病人有心律不整，我彷彿更能聽到不規則的幫浦作動聲，讓我很難好好計數節拍。

有了幾次經驗後，我選擇安分地守在病人身邊，直到他們脫離險境為止。

「當醫生就跟做人沒兩樣。」每當有年輕熱血的醫生初來報到，除了傾盡所學，我也會將幾年來在第一線所體悟的心境與之分享；「當病人找上了你，你就必須要對他負責任，並且關心著他們每一個人。」

有人說，工作總有倦怠期。例如，蕭邦在名聲愈來愈響亮的時候，他開始漸漸失去公開演奏的興趣，因此大量減少舉辦演奏會，只在朋友的溫馨聚會上，才會彈幾首曲子娛樂大家。

而我，卻是隨著經驗愈來愈豐富、資歷愈來愈深，在歲月的洗禮中理解謙卑。我試圖讓自己像蕭邦一樣，不求名聲；但掩蓋光芒只是為了將自己縮至最小，回歸投入醫界的初心。

＊＊＊

在醫院裡，總是有著各式各樣的病人無法接受自己身體的狀況變差；他們滿懷抗拒、憤怒以及不解，要認命地走向現實，必須經過一段時間。

例如，有一位老先生，八十歲的他已經洗腎多年，因為主動脈瓣膜嚴重鈣化狹窄造成休克。幾個星期前，他剛剛接受過經皮導管主動脈瓣膜置放手術（Transcatheter aortic valve implantation，TAVI），手術非常順利，住院觀察幾天就得以出院。

然而，手術後的第一次門診，他卻苦著一張臉走進來，開口就問：「我到底怎麼了？為什麼我還要承受這麼多疾病的折磨？難道老了就真的沒用了？」

對於自己活過這麼漫長的人生，熱心公益從沒停過，但福報卻怎麼也擋不住不斷走下坡的身體；世界逼著他正視身體所經歷的風雨飄搖，毫無意外地，他無法接受。

他看著我，希望我代替神，拿出前世因緣簿向他解釋，為何他會有如此業報？只可惜，我只是一位心臟外科的醫師；能幫忙的，只能讓他的身體盡可能輕鬆。

其實打從他開口問我的那一刻起，他就知道我無法回答他的問題；這是一個沒入深淵的黑暗，沒人能在黑暗中找尋到光。

於是，他在我的沉默中，任由無助的眼淚滑落；有些淚珠滴落在他的膝頭，有些則碎散在臉上的皺紋裡。

當時外面還有很多患者在等著我，但我並不急。我將手伸往那包柔軟的衛生紙，抽了一張給正在啜泣的他：「老師，沒關係，在我這裡，你可以用力哭。」

他從來沒教過我，尊稱他一聲「老師」，來自於他的行業；自從臺大畢業之後，他一直在高中數學老師這個領域裡努力地做好他一生的職志。這聲「老師」，也來自於我對他的敬重。

我手上那張雪白柔軟的紙打開了縱容的開關，接過衛生紙的他開始不顧形象地放聲大哭；我只是靜靜地陪著、看著他哭，並不忘再遞上乾燥輕柔的衛生紙取代他手中已經溼透的小紙團。

「我的身體不是很好嗎？為什麼今天會變成這樣子……」

在醫院，有太多的無奈正在發生，也有諸多情緒逐漸在消化中平息。生活不也是如此？

有一次，德國音樂家梅亞貝爾（Giacomo Meyerbeer）因為一件小事跟妻子起了爭執，他們彼此都不認為自己有錯，一連數日都氣呼呼地不向對方低頭，冷戰在他們之間形成一堵無色無味卻厚重無比的透明巨牆。梅亞貝爾雖然忍受不了這樣的家庭氛圍，卻又不知道該如何主動跟太太示好；心煩意亂的他，於是坐在鋼琴前彈奏起蕭邦前些時候送來的新曲。

《夜曲》美妙的音色流淌在屋內，吸引了梅亞貝爾太太的注意，她被這美妙的音樂感動，情不自禁地擁抱了正在彈奏的丈夫。就這樣，他們在音樂流動中重拾對話與往日情誼。

「我要非常感謝你譜寫了這麼美麗的曲子。」梅亞貝爾在回信中充滿感激的告訴蕭邦：「這首《夜曲》是幫助我們夫妻重歸於好的大功臣！」

我想，蕭邦當初在譜寫出《夜曲》時，應該怎麼也想不到這首樂曲會發揮如此的功能。我在告訴數學老師可以在診間盡情哭泣時，也沒有設想能夠中和他糟糕無比的情緒；或許他仍然會滿懷憤怒，也或許哭泣會讓他更感疲累。

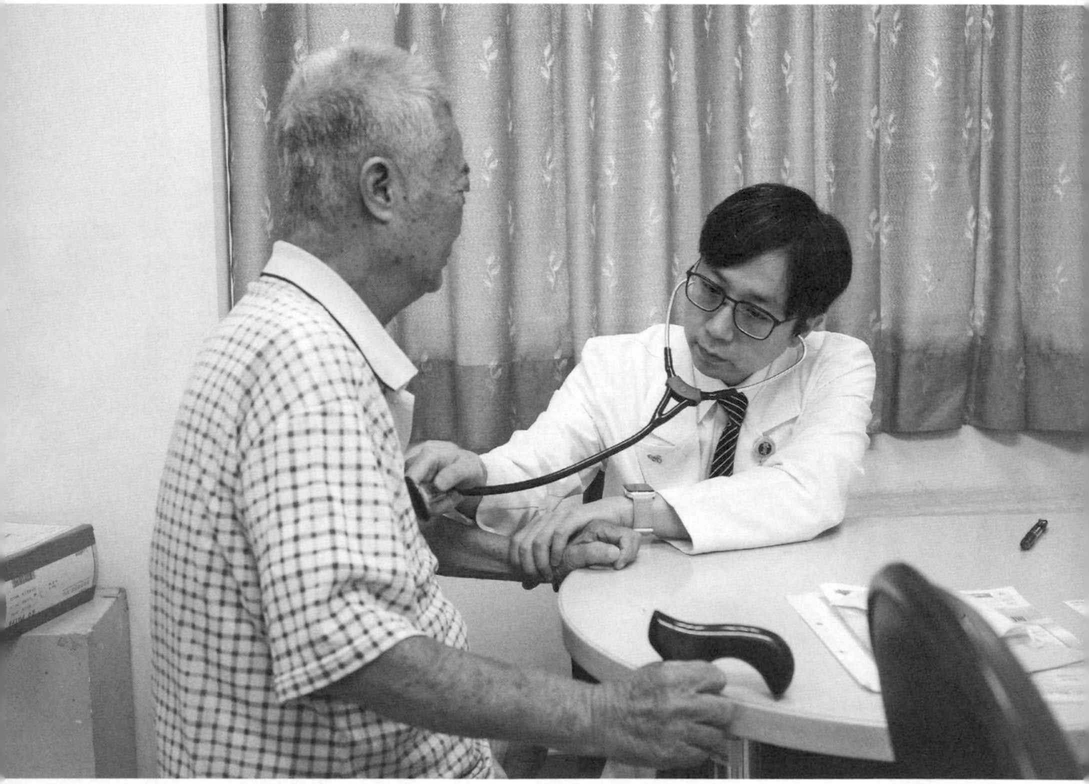

八十幾歲的許恩禮老師
至今仍得固定回診。

可喜的是，這位數學老師的情緒往撥雲見日的方向走；慢慢地，他不再哭泣，原本雜亂的氣息與情緒逐漸平穩。在收下我遞上的最後一張衛生紙後，他緩緩地擦乾掛在臉上的淚，只剩皺紋裡的淚水在日光燈的反射下閃閃發亮。

他起身與我道別，並在轉身離去前，跟我說了一句謝謝。

之後，每一次他回到我診間，心情大多都是愉悅的；倒也不是他完全擁抱了疾病本身，但至少不再加深憤怒。

「萬一我們無法改變命運，至少我們可以陪著病人。」如果在醫學上有信仰，我想，我告訴學弟妹們的這番話，會是我的信仰之一。這麼多年來我親眼見證，陪伴所帶來的治癒力，有時是超乎想像的。

心臟小學堂：心律不整

「心律不整」，顧名思義就是指心臟的跳動呈現不規則的頻率，有時過快，有時過慢。如此一來，就無法有效率且定時定量地將血液送往全身，嚴重時還可能導致其他器官因而無法運作，甚至有受損的危險。

四之六——為什麼會死？

只要決定要幫病人裝上葉克膜（Extracorporeal Membrane Oxygenation，ECMO），對我而言，就象徵著一段折磨之旅即將啟航，我將陪著病人度過每一道巨浪。有時候我們會被人魚的歌聲吸引，進而沒入無邊無際的黑暗；但也有時候我們能平安地見到日出東升，緩緩地安全靠港。

無論結局好壞，我的家人將有好幾天都見不到我。幾年前，當我被分派到這間部主任辦公室時，小小的空間有著四堵隔音不甚完美的牆，一張書桌、幾座資料櫃，還有最令我心懷感恩的那張蘋果綠的小沙發——只要拉開，它就成了一張最現成的床，值班醫生們再也不必時時提心吊膽地想：「張睿智今天會不會來值班室跟我們搶床睡？」

出生於捷克的音樂家德弗札克（Antonín Leopold Dvořák，1841-1904）曾在開始投入歌劇創作時，這麼說：「我拚了命地學習，而且不斷修改，思考極多，但吃得卻極少。」

德弗札克當時的心境我想我是懂的；因為，在學習葉克膜上，我的歷程也是如此。剛裝上葉克膜的前幾天，病人的血液動力學指數大多不會太穩定，得適時根據狀況調整藥物、輸血，有時我一天去查房個十幾次都有可能。

如果時間更寬裕些，我就會拉張椅子在病人身邊坐下來，然後想起陳女士，我第一位裝葉克膜的患者。

她出現在我生命中，是我即將前往美國攻讀博士班的前一個月；即使時隔許久，但我仍永遠記得她。

在我們短暫相遇的那些日子裡，我幾乎是沒日沒夜地守著她。

她剛入院的時候，心臟已經完全沒有任何跳動起伏；沒有太多選擇與思考時間，我決定為她裝上葉克膜。

「葉克膜不是用來救心臟的，只是為了讓心臟能夠休息以支持全身的器官得以獲救。」我告訴她那焦急萬分的丈夫，陳女士是急性心肌梗塞，而且狀況非常嚴重，我們必須在確保全身器官仍能正常運作的狀態之下，再來慢慢打通心臟血管，使其恢復跳動；「休息之後，心臟如果能跳回來，那就代表過關了。」

葉克膜是血液幫浦以及體外氧合器的組合；以白話文來說，就是人工心臟以及人工肺臟的組合，不僅可以扛起心臟的重責，也可以執行肺臟的任務。因此，對於心臟或肺臟功能喪失的患者，就可以使用葉克膜進行搶救。

裝上葉克膜之後，我開始替她做繞道手術，前前後後總共接了六條血管，並且是以心臟不停跳的方式。稍有經驗的醫生都知道，雖然不停跳手術會使得手術艱難度提高，但一來可以搶時間，再者也能避免影響器官功能以及血液循環，術後恢復就能更快；以陳女士的狀況看來，不停跳手術是最好的第一選擇。

在葉克膜的協助之下，她的狀況逐漸好轉；不到一個禮拜的時間，她的心臟已經開始自主跳動，強而有力。於是，我們慢慢調整葉克膜的數值，在最安全的循序漸進之下，逐漸減輕她對葉克膜的依賴。

陳女士的一切狀況都在我們的掌握之中，完美得一如教科書上的教學範例。在卸下葉克膜之後，我們甚至也移除了主動脈幫浦。我告訴她先生，陳女士幾乎度過了每一道最致命的關卡：「她幾乎已經算是過關了，只剩下呼吸管移除，就沒事了。」

幾天相處下來，她先生在緊張情緒稍微暫歇之際，多少跟我分享了一些他們的家務事。他是一個水電工，接線接了一輩子，但卻沒有辦法為太太的心臟做些什麼；此時此刻，唯有陪伴，是他所能做到的全心付出。

他原想，再過一陣子就可以帶著太太回家了，我也是這麼想。其實，陳女士最初來到我眼前時，我並不認為她能過關；她的狀況太過危急，一切的一切都閃著詭譎的紅燈。因此，當她順利通過每一道關卡與考驗之後，我樂得全然接受這份禮物。

我們都沒想過，這樣的樂觀，會加深之後我們從天堂摔落地獄的痛。

「張醫師，快回來，病人在急救了！」我到醫院上班，才剛把車停妥走進電梯，就接到這通緊急電話；當對方告訴我是陳女士的時候，下意識的疑問將我團團包圍：「為什麼是她？怎麼可能是她！」

我趕緊衝往她的身邊去，有如少年時期奔馳在球場上，就為了接住直直掉落的那顆羽毛球，承接它既輕又沉的重量；陳太太的生命，就像那顆羽毛球。

加護病房的醫護們已經做了最得宜的處置，我在接手的時候，幾乎沒有第二條路可以選擇；下意識地，我直接在加護病房將前些日子開胸手術後綁緊的胸骨鋼絲再度解開，將手伸入，徒手按摩著她的心臟。這是我們兩人這輩子最親密接觸的一刻，也是當下最直接有效的急救方法之一。

然而，這一次，幸運女神偏偏不再降臨到我們身邊。

走出加護病房，看著陳女士的丈夫，他滿臉焦急中透露的期待；我卻只能親手捏碎他的希望，吐出我們雙方都不願聽到的話：「對不起，我們盡力了……」

如果有排名，我想，這句制式化的話語，會是在醫院裡最令人厭惡的一句話。

我們的心一起重重摔落谷底。陳女士分明是可以活的，但她的心臟說停就停；直至今日，我仍然想不通究竟是為什麼。醫學有時候是理性的根據與分析，但也有那麼一些時候，卻又是令人不得通透的歷史謎團。

她突然驟逝所帶來的打擊，將我們從天堂捶落谷底。

她才五十幾歲，是家庭裡不可或缺的一員；她離開了，這個家再也不會完整了。任憑林先生接了一條又一條讓各家各戶得以光明的電線，他們家那盞象徵著一家之母的燭火，卻再也不會亮了。

陳女士的先生在接走她之前，先來到我身邊；我已經忘了他那雙寬厚的手究竟有沒有拍上我的肩，但他溫暖的話語足以給我一些呵護：「張醫師，我知道你盡力了，不要難過。」

他鼓勵我的樣子，就像個在戰場上敗戰的領袖，不顧自身巨大的悲傷，努力挺起胸膛安慰殘存的士兵，必須堅強活下去。

＊＊＊

在踏入心臟外科的那一刻起，我即體悟明白：心臟，不是一橫就是一豎，一翻兩瞪眼；而在接觸葉克膜的那一刻起，我也深知，這將會是一條漫無止盡的學習之路。

葉克膜之於我們這一屆的醫學生而言，是一項全新的技術；不僅學校沒教、教科書沒寫，直到我當第三年住院醫師時，才首次與它有了近距離的接觸。當時臺灣才正在推廣，引進葉克膜的團隊在淡水召開一場會議，我並沒有錯過；但整場會議聽下來，訊息過於龐雜，實在不是我這個初出茅廬的住院醫師所能消化的。

沒有一位醫師能一秒變成專家，必須透過經驗不斷累積；即使在臨床上已經能夠獨當一面，但是在面對新型技術時，常常還是得從頭學習。只是，有了基本功，這個學習之旅或許能變得更順利些。

不過，在學習葉克膜的過程中，很多醫師都會因為它連一半也不到的成功率而感到挫敗。

並非所有患者都需要使用到葉克膜；只是，裝上葉克膜的病人多數狀況都是異常嚴重的。曾有一句話這麼說：「葉克膜不是拿來治病的，它只是被用來跟上帝借時間。」因為，它最大的功能，就是提供足夠的氧氣與血液輸出量給全身其他器官，幫助它們不致衰竭。

根據統計，葉克膜的成功機率僅三成。

陳女士曾經是我的希望與動力，所有數據一再顯示，她會是那三成裡的其中一名幸運兒；但是，她卻在最樂觀的情勢之下，被迫轉身離我們而去，留下滿屋子的悲傷，也留給我如海嘯般的打擊。

「除了陪病人到最後，我還能做什麼？」

她離開後不久，我啟程前往美國，在美國度過一段艱辛的歲月，也在那裡看見了達文西手術、高階整合手術室等嶄新的醫學技術與設備。然而，陳太太的羽化成仙一再提醒著我，必須正視葉克膜的問題，這也幾乎成為我信仰的核心。

德弗札克在歌劇獲得成功之際，曾有國家獎助學金音樂部門的顧問寫信給他，希望他可以考慮移民到維也納，嘗試著寫德國的歌劇。對方提出的豐厚誘因並沒有打動德弗札克，他在回信中如此寫道：「我想告訴您的是，每個藝術家都有自己的祖國，而且也必須對祖國有堅定的信念與愛。」

德弗札克心懷祖國捷克；而我，則念念不忘葉克膜，我不願就此默默承受三成成功率的現實。

從美國回來並回歸臨床之後，我更積極投入了解葉克膜的運作。

只要有病人裝上了葉克膜，我就會守在他們身邊，努力看懂所有數據變動間所透露出微渺訊息；我相信，只要對所有細節愈來愈明白，就能帶來更多成功的能量。

心臟小學堂：葉克膜

葉克膜（Extracorporeal Membrane Oxygenation，ECMO），又稱體外維生系統。其主要功能為暫時性的替代肺部與心臟部分功能的運作，提供充足的氧氣與血液供給全身，維持生命功能與運作，是人工心臟與人工肺臟的組合。因此，葉克膜可以用於拯救急性心肺衰竭的患者，也可以使用在呼吸衰竭的病人上。

同事先來說幾句話——

「我怎麼能不幫他？」

兩年前，他剛接下體外維生系統中心以及高階手術中心的主持人，我也在這時候開始擔任他的行政助理。

在體制裡，我是他的下屬，但每次我們一同進出，他會搶先跨步開門，請我先走；在交派任務給我的時候，也會尊稱我一聲姊，客客氣氣的，沒有架子、沒有頤指氣使，溫和的語氣裡是請求幫忙的姿態。

「胤美姊，你可以幫我擬一封信嗎？」在體外維生系統中心成立之前，他要我幫忙草擬一封信，期待能邀約更多有志一同的人壯大團隊的能量。

信寄出去之後，我們幾乎獲得全面性的支持，體外維生系統中心開始運作前，醫院的葉克膜裝機病例一年僅二十出頭，隨著團隊不斷地擴增，如今已經有一年五十例的成績；不僅如此，過往因為能量不足，無法支援急診室裝機，如今急診室病人也開始受惠。

體外維生系統中心的任務多是我習慣與熟悉的行政業務，只要多花點心思與時間，大都應付得過來；但高階手術中心光是前置作業，就差點讓我舉雙手投降。

「胤美姊，我們要把手術室蓋起來。」主任的眼神很清亮，對於這間手術室，他的熱情絕對不亞於在手術檯上把病人救回來。他說，我們必須拆掉原本已經準備汰除的血管攝影室以及一間老舊的手術房，再將兩個空間二合一。

他興致勃勃，反觀我卻滿是苦澀：「設備跟工程就將近一億，可是我根本不了解這該怎麼做……我怎麼去負責這件案子？」

他看著我，眼底沒有同情與退卻，只有更強韌的動力，「設備我懂，這部分是沒問題的；至於蓋房子，我也不會，沒關係，我們可以一起去學。」

於是，我們兩個門外漢開始一路摸索。先是找上工務組的同仁，再找來曾經有大型機器採購經驗的輻射防護室主任，在一次又一次的會議中，才漸漸能稍微搞懂什麼叫做工程。

開始規畫與設置階段，更是忙得不可開交。主任投入很多心思，除了要給病人最好的手術相關設備，也希望能讓每一個在手術室工作的同仁有良好的工作環境。無論是麻醉科、體外循環師、葉克膜團隊、心臟外科醫師、心臟內科醫師、護理部同仁以及放射師，他一個個拜訪他們，不厭其煩地確認他們的所需與所求；大至門要左開還是右開，好方便機器進出，細至櫃子需要幾座、抽屜要幾個、要選擇哪種顏色，又或者是放射師的椅子的高低軟硬，鉅細彌遺地討論並提供選擇。

大大小小的會議高達數十次，難以計數。有一回，我們得利用週末接通所有開刀房共用的氣體傳送設置；他不僅細心地畫出流程圖，對於什麼時候該完成什麼工作、若有緊急手術時的應對備案等，全都清楚記載。

他的細心不令人意外。例如，每一次他帶著我去領錢的時候，總會貼心地準備一只信封，將提領出來的錢穩妥地放進信封裡再轉交給我。

在專業領域中，他的形式作風有外科醫師所該具備的特質；但待人與處事上，卻像極了內科醫師。

開工後，我們早晚監工。體恤工人辛苦，主任時常請我撥空採購飲品帶去現場讓他們解渴；如果他得空了，就會親自到現場，即使幫不上忙，也會花點時間陪著施工工人聊天。

僅四個月的時間，我們完成了這個不可能的任務，一間設備齊全、動線流暢的高階整合手術室在所有人的期待下開始運作。

手術室完成之後，他沒將所有功勞往自己身上攬，反而一臉敬佩且笑咪咪地對我說：「胤美姊，妳已經可以去蓋房子了，因為妳全都懂了！」

我曾以為，他身子肯定是鐵打的，除了臨床還得兼顧工程，卻從不喊累。直到那一次，有個緊急公文需要他親簽，可是我在辦公室卻遲遲等不到他；透過電話，他告訴我他正在開刀，麻煩我拿到手術室給他。

我用最快的腳步走到手術室去，怎麼也沒想到入眼所及會令人如此揪心——他疲憊的蹲在角落，就像個打完整場激烈球賽的選手，筋疲力竭。

聽見我的腳步聲，他抬起頭，一雙眼都是紅的。

「你怎麼了？不舒服嗎？」我擔心地問。

「我前一晚開刀開到現在，這檯刀結束之後，接下來還有刀要繼續開。」說著話的同時，他一秒也沒浪費，接過我手上的文件，在那幾個需要他簽名的地方開始書寫，一筆一畫似乎都要用盡他的力氣。在將文件交還給我時，他笑著要我別擔心，「我只是開刀站到腳好痠，蹲一下比較舒服。」

看著他走回手術室的背影，我想起前些時候同樣要他簽署文件時，走入辦公室看見他那頹然的神情，他說他的病人剛走，是找不出原因的敗血症，他難過的模樣就像是剛送走了一位平時沒聯絡卻感情深厚的遠房親戚。

我還想起了，許多時候，只要他的病人裝上葉克膜，他就會留在加護病房過夜。還有時候，他會請我到他辦公室拿幾罐他平常忙著開刀、查房而來不及用餐時喝的高蛋白營養品，若請我送去開刀房或是加護病房，是他要喝；若請我拿去病房，則是要送給病人的。

手裡抱著標示「急件」的文件，我腦中閃過太多這兩年點點滴滴感動我心的記憶。我告訴自己：「他都為病人付出到奮不顧身的程度了，我怎麼能不幫他？」

——認識他才兩年、卻獲得許多感動的行政助理呂胤美

四之七——葉克膜中心成立

我坐在他身邊已經足足有兩個禮拜的時間了；白天過去了，黑夜又再來，我的不分日夜，換來的卻是尚未清醒的他。但是，我沒有放棄希望；因為，那些冰冷的數字都在向我大聲疾呼，他已經距離死亡愈來愈遠，身體裡的每一個細胞與器官都在湧出存活的希望。

他的人生不會就此中斷，還有機會繼續著他的夢想與理想，還有機會追隨他的師父，在志業上勇往直前。

他是資深的慈濟志工。在慈濟的大家庭裡，只有少數人記得他父母給予的姓名；但證嚴法師給他的法號——濟舵，幾乎無人不知。在許多震災以及濟貧的路上，困難與挫折不曾中斷，他毫無畏懼；只是，在面對疾病的打擊，他終究還是一位凡人，敵不過心血管疾病的強勢迫害。

雖然一開始，他是不幸的；在心導管室裡，沒能撐過最危險的那一刻。醫療團隊在最短的時間裡，就替他裝上葉克膜，期待這臺醫療儀器可以向上天爭取多一點的時間，施以更多的醫療能量將他挽回。

從這一刻起，接下來他再遇見的，都是難能可貴的福報。

很多年以來，花蓮慈濟醫院始終只有兩臺葉克膜；在他到院前，原本這兩臺葉克膜都還在別的病人身上運作。如果在憾事發生之前，這兩臺還沒從別人身上卸下，很有可能他就得被迫中斷人生路。

就在他手術前一天，其中一臺葉克膜的病人沒有過關，醫療團隊惋惜地從那位病人身上移除這臺機器，遺憾地接受現今醫療仍得在命運中顛簸地鑽出一條名為「生存」的小徑。不過，遺憾的心情沒有持續太久；因為，這臺被卸下的機器，隔天就重新被啟動，緊急安裝在濟舵師伯身上。

我們都不願也不敢去想，但心裡都是明白的：如果他在心導管室裡陷入緊急狀況時，沒有這臺葉克膜，會發生什麼事情？

葉克膜剛裝上不久，他的狀況逐步走向穩定；雖然尚未見到陽光燦爛，但我還是能放寬心到外地開會。原本，我計畫開完會後，要帶著孩子到附近的遊樂園玩；這是一個在兩個月前就已規畫好，而且孩子跟我都相當期待的行程。但身為一個醫生，手機一響起，往往就是計畫即將被中斷的前奏。

「張醫師，現在病人的狀況有變化！」來自醫院的那一方，話語雖然急促，但還是能將前因後果交代清楚。他說，兩個小時前濟舵師伯的狀況趨於穩定，於是在仔細斟酌之下，決定將葉克膜卸下；剛卸下的前兩個小時，一切都在預料中，豈知病情會來個回馬槍，急轉直下。「怎麼辦？」電話那頭問。

「沒什麼怎麼辦，再裝回去！」

我給的指示簡短清晰；或許不是將他拉離險境的唯一一個選擇，但在我心裡，那是當下最好的決定。

孩子正興奮地等待明日的到來；但我的心惶惶不安，我告訴太太適才那通電話裡的內容，語氣裡的焦慮任何人都能聽出來，「我有點緊張。」

感謝從大學就與我攜手的另一半能理解我的心，在我還沒開口之前，她就已經替我做了決定，減輕我自己開口所帶來的心理愧疚：「你快回去醫院吧！現在這個狀況，病人更需要你。」

我請計程車司機一路以最高時速在高速公路上奔馳，搭上最後一班高鐵後再轉搭火車；回到醫院的時候，已經是凌晨兩點。暗夜裡的露水逼得人不得不清醒，我快步走向加護病房，濟舵師伯就躺在那兒；即使他身上沒有那些數不清的管路，明眼人也都能看得出來，他並不好。

醫院的醫護們已經盡力做到最好；憑藉多年的鑽研與經驗，我調整了葉克膜的設定與管路位置。接著，我就坐了下來，就像每一位病人狀況不好時我都會做的那樣；只是，這一回我知道我會坐得更久一點。

「要不要轉到臺北的醫院？」

「他的狀況，是不是要趕緊申請做心臟移植？」

四面八方傳來的好心提議，在我這裡始終得不到正面的回應，我的回答千篇一律：「你們給我一點時間，他一定會好起來。」

這句話不是賭氣，更非妄語；因為，那些複雜的數據在我面前所呈現的，是一片晴朗的樂觀。只是，還沒有那麼快，他還需要時間，等待儀器賜予樂觀的生命徵兆出現。

濟舵師伯在志業上的付出與奉獻，為他贏得了許多的好人緣；也因此，在緊接下來的幾天裡，來自各方的關心像是不斷循環播放的樂音，反覆地進到我耳裡；我始終還是那句話：「再給我一點時間。」

濟舵師伯如今以健康的身軀重返志工行列。也因為他，花蓮慈濟醫院開始有了成立葉克膜中心的想法。

我知道他就要醒過來，而且是以最樂觀的狀態。我很難向大家解釋為何我能如此篤定；但是，這麼多年來守護在每一位裝上葉克膜的病人身邊，我就是能在數據中抽絲剝繭。

坐在他身邊，我得緊盯著數據，有時候必須調升升壓藥，有時要反過來調降升壓藥，偶爾還得通知替他輸血；甚至，在一開始，我就決定替他放置十二指腸灌食管。因為，以過去照顧葉克膜患者的經驗推論，這類的病人腸胃道的灌食都不會太好；如果及早讓他有機會進食，活下來的機率就會提升。

一切都是經驗。

在葉克膜的輔助之下，濟舵師伯的狀況逐步邁向穩定，但那不表示我們能真正地放下心來；因為，此時此刻，我們得展開思考，究竟何時要從他身上將葉克膜卸下。畢竟，機器放太久，細菌沿著管線跑到身體所造成的風險就可能隨之升高；對於免疫力較差的急重症病人，任何最微小的感染都可能致命。

在他身邊的那些日日夜夜，很多時候我只能戴著耳機、聽著古典音樂打發時間，大把的時間也讓我足以去思考一件攸關醫院未來的事情。

「為什麼他可以活？」我常問我自己這句話。因為，有許多裝上葉克膜的患者是沒有機會可以活下來的，濟舵師伯卻可以，「為什麼？」

答案很快就揭曉。雖然可以簡單地說，因為濟舵師伯做了很多好事，所以他非常有福報。不過，回到理性的分析，葉克膜的成功率雖然不高，但只要有人願意耐心守候在身側，並從複雜的數據中看出好轉與惡化的端倪，就有機會將併發症降到最低。

濟舵師伯的故事有個歡樂的結尾。他不只醒過來，經過一段時間的休養後，還能以健康的姿態重新回到自己最愛的志業上，如常地為了受苦受難的人們日夜奔走；彷彿那次的倒下，只是一段比較長時間的休眠。

「為什麼他可以活？」看著躺著的他，我不時問著自己這句話；看著健康的他，這個問句依舊沒有離我遠去。我想起了陳女士，也想到那些因為葉克膜不足、連裝上機器的機會也沒有的患者們。

* * *

很多決定與創作，往往就是來自如此的出其不意。義大利作曲家史卡拉第

（Giuseppe Domenico Scarlatti，1685-1757）最著名的樂曲《貓咪的賦格曲》，其誕生就是來自於一個意外。

有一天，史卡拉第在教課的時候，一名學生帶著自己的寵物狗來上課。當學生的狗看到史卡拉第在窗邊打盹的貓，一時興起，便衝上前去要和貓玩，一場貓狗追逐大戰在琴房上演。史卡拉第的貓最後跳上了鋼琴，見狗跳不上來，得意地在琴鍵上趾高氣昂地緩步行走。

史卡拉第一見此狀，馬上抱起他的貓，並向學生宣布：「今天的課到此為止，你們都回家吧！因為我現在有作曲的靈感了，得趕快寫下來。」

於是，《貓咪的賦格曲》就這樣誕生了，前三小節更是根據貓咪在琴鍵上散步的旋律所譜出的。

濟舵師伯的故事就像那隻貓，刺激著我腦中逐漸萌生一個前所未有的想法——我決定成立葉克膜中心。

在院長室的報告中，我將歷年來的葉克膜使用個案數羅列成表。花蓮慈濟醫院自一九九八年裝上第一臺葉克膜開始，裝設葉克膜的病例數始終不多；直到裝設技術與經驗開始成熟，二〇一五年才開始突破每年二十例。「二〇一七年總計裝設

當葉克膜中心準備成立前，我幸運地有胤美姊來擔任助理；細心的她，為我分擔許多工作。（上圖）

當選臺灣葉克膜學會第一屆理事。（下圖）

個案數有二十一名，但其實應該要有二十四名，那沒被記錄的三次是因為沒有葉克膜。」

有時，當醫生們裝設上一臺葉克膜之後，第二臺葉克膜的使用就會更小心謹慎，就怕後面再來的病人狀況更嚴重、更需要。

為了不讓臨床醫師綁手綁腳，也為了能服務更多有需求的病人，體外維生系統中心成立之後，首要任務就是先增加葉克膜的數量。

醫院給予的回應，是全力的支持。從此，花蓮慈濟醫院的葉克膜，從兩臺擴增為四臺。

機器增加了，人力也必須提升；如果有更多不同醫療專業領域的人投入，就能給病人足夠的支援，存活率就可能從三成向上修正到四至五成。於是，在行政助理胤美姊的協助之下，我們草擬了一封信，邀約各科室參與。

信被寄到心臟血管外科的醫師們的信箱，也寄到心臟內科、胸腔內科、內外科加護病房以及急診室、體外循環師的信箱裡。團隊的建立除了協助制定院內葉克膜置放準則，成員們也必須持續地接受相關技術與照顧葉克膜病人的相關教育，工作量勢必得增加；意外的是，我所收到的支持回信超乎想像。

葉克膜團隊組成過程並不困難，大家有志一同，期待能救回更多患者。

體外維生系統中心在二〇一八年順利成軍，當年服務人次很快就超過之前的二十例往三十例邁進，隔年更上達五十一例，投入的醫生與科別愈來愈多；如今，小兒心臟科、護理部也大力投入人力支持。

我們一起開了無數次的會議，小自葉克膜個案討論分析、器械更換流程與換消作業，大至感控室評估、急診與開刀房裝置葉克膜儀器該如何運送到心導管室的動線規畫，討論的事項愈來愈廣，也愈來愈精細。

或許，我們還是會送走一半以上的病人；但至少，我們會因此多救了比過往還要多出一至兩成的病人。

至少，我們開始在前進。

四之八——高階整合手術室

「你看，之後你要動手術的手術室就長這樣。」我興致勃勃地拿出手機，像是獻寶似的，把裡面有關於這間新型手術室的影片與照片全都點出來給鄭師兄看；「這間手術室蓋了整整四個月，這是近四個月來的縮時攝影影片，真的是從無到有。」

鄭師兄躺在病床上，認真地看著我手機裡的影片。他畢竟不是專業，很難對這些醫療儀器提問些什麼；但他心裡所堆疊的信任，讓他整個身體都放鬆了。看著他，我心裡滿是安慰。他是典型的乙型主動脈剝離患者，雖然沒有立即致命的危險，但在持續用藥控制血壓、追蹤觀察卻遲遲不見好轉後，我們建議他執行主動脈支架置換手術。

十多年前，許多跟他一樣病症的患者，大多都得承受側開胸、開大刀所帶來的風險。就算是近十年來，在花蓮慈濟醫院，我們也只能做簡單的主動脈支架置換案例，過於複雜的只能往北部醫院送；不是我們的醫生經驗不夠豐富，而是礙於設備無法應援。

我從手機裡挑出那張照片，只見偌大的儀器上放著一包鼓脹著的袋子。我告訴鄭師兄，當設備無法跟上，風險隨時都會竄出來；「有一次，我們在做太過複雜的主動脈支架置換手術，機器竟然就過熱當機了！我們還要趕緊拿冰塊來替機器降溫，直到它重新恢復運轉再繼續手術。」

回憶過往，我告訴鄭師兄，讓病人轉院，大家心裡都是不甘心的；但顧及安全，我們也不能為了滿足自尊而帶給病人風險。

「但現在已經不一樣了！我們有這間全新的手術室，再也不必將病人送走了。」我告訴他，過幾天後會帶著他一起進到手術室，替他完成最後也是最重要的療程。

他點點頭，說：「我相信你們；就因為信任，所以我才特別轉院過來治療。」

我笑著與他道別，轉過身，往那間手術室走去，心裡滿是激動與欣喜。

鬱悶多年的現實問題，終於獲得了突破的機會！走進這間造價一億的手術室，我終於明白，從無到有的歷程，漫長的原來不是時間，而是心力。

這間手術室擁有高階的Ｘ光影像設備與定位系統，我們可以在Ｘ光的操作之下進行瓣膜的置換；這意味著，無須開胸就能做到經導管主動脈瓣膜置放術(transcatheter aortic valve implantation，TAVI)。

這裡的一切都是如此嶄新，空氣中聞起來充滿著希望；我深呼吸一口氣，任由回憶將我帶往十三年前。那是二〇〇七年，我出國的前一年；當時，在設備不到位的情況之下，每一位病人非得鋸開胸骨、動大刀，才能完成這項手術。

「如果我可以先透過血管攝影確定狹窄的部位在哪裡，就可以替病人縮小傷口……」我沒有儀器，也沒有設備，只有周全的天馬行空。我先從腔內血管治療開始做起，讓病人的手向外伸直平放在一個透光的塑膠蓋上；支撐著塑膠蓋的是另外一張方桌，塑膠蓋下方則放著一部骨科所淘汰的Ｘ光機。

每拍攝一張照片，我們必須屏息以待十秒鐘。

確認週邊動脈狹窄部位後，我就可以在最靠近狹窄的部位進行氣球擴張術。

幾次成功之後，我們接連又在克難的環境中改造出新方法；不僅汰換透光的塑膠盒，改以訂製的壓克力板，骨科的機器也換成神經外科的機器。同樣都是二手且淘汰的機器，但對我們而言，稍微先進一點也足以安慰。

那時的克難，如今想來不禁莞爾。當時的我們，像極了年輕時那個又窮又有創造力的舒伯特（Franz Seraphicus Peter Schubert，1797-1828）。

舒伯特短短三十幾年的人生留下大量的作品。據說他從十三歲就開始作曲，靈感一如雨季後的山間小泉，源源不絕，卻常因沒有錢買五線譜紙而苦惱。舒伯特不甘於此，於是找出許多廢棄的紙張以及信封，拿出尺跟筆，一筆一筆地在上面畫出橫線；那些廢紙搖身一變，成為現成的五線譜紙，舒伯特就可以盡情地滿足他的創作欲望。

即使克難，依舊希望能勇往前行；兩位老師對於我的做法，態度如昔，大方且開放，在不增添病人危險的情況下，任由我自由發揮。因為，在花蓮慈濟醫院開業初期，他們也曾走過所謂篳路藍縷的艱辛時刻。

趙盛豐老師常說，一九八八年他剛到花蓮慈濟醫院的時候，還只是一座不到兩百床的小醫院；「當時的我們很難想像，如今它會成為一間醫學中心。」當時的花蓮人可能也很難想像，這間小醫院能夠做那麼多北部大醫院才能做的手術。

一九八九年，趙盛豐老師與蔡伯文醫師執行了花東第一例心臟手術；緊接而

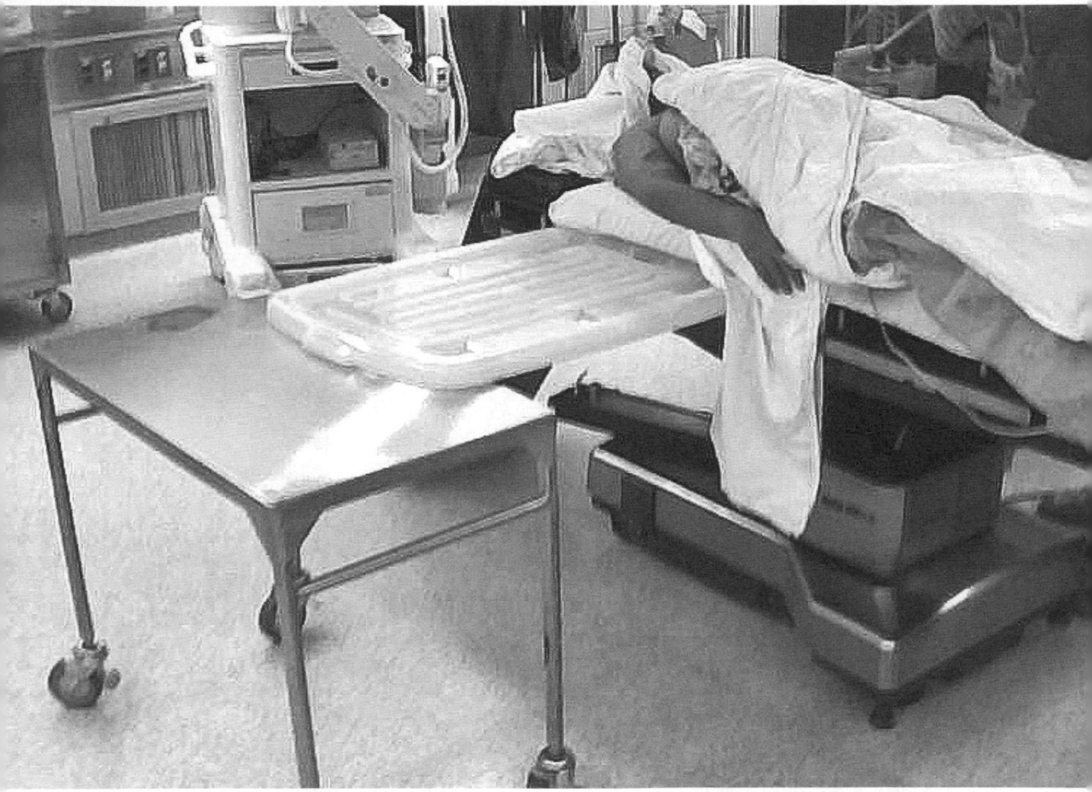

以前的手術室設備較為缺乏。比如，第一次血管攝影手架相當克難，甚至拿整理箱的上蓋來嘗試。

來，一路開創許多花東第一例，例如二尖瓣合併三尖瓣修補心臟手術、心房中膈修補手術、二尖瓣膜置換手術與心臟節律器植入手術、主動脈瓣膜置換手術、升主動脈置換手術。

之後，年復一年，花東的第一例由這座小醫院的心臟外科屢屢開創。他們在設備、人才不足的狀況之下，以百分之百的勇敢與果決，以及百分之兩百的謹慎，替後山民眾的心臟疾病打通一條不必前往臺北的路，緊抓救命的寶貴時間。

如今，花蓮慈濟醫院已經是一間頗具規模的醫學中心；但對於我們而言，謹慎仍是第一順位。有很少數的時候，我們仍得將病人往北送去；這些病人大多是主動脈瓣膜嚴重狹窄的患者，可能年歲過高，可能身體狀況無法負荷，傳統的開心手術或是微創手術對於他們而言，必須要承擔的風險實在過高。

轉走，逼不得已；但要轉送，該醫院也必須符合我們心目中所羅列的條件。那座醫院無論如何都必須要有高階整合型手術室（Hybrid Operating Room）——高階整合型手術室內建影像檢查系統，可以在手術中提供即時影像，讓心臟內科與心臟外科醫師共同合作，將導管支架瓣膜送入主動脈與心臟的交接處；過程中不僅不需要使用到人工心肺機，也幾乎沒有傷口，出血量更是少之又少。手術風險的大幅降低，對於高齡或是手術高風險族群，都是一大利多的選擇。

我在二〇〇七年天馬行空所要實現的願景，原型就是高階整合手術室。

雖然當初克難的拼裝勉強能夠完成我某一部分的期待，但我始終不滿足。雖然以當時的做法能進行定位，但這些照片因為無法透過科技與電腦斷層進行整合，也就影響定位的精準度。

能夠成全我的期待的，只有高階整合手術室。

然而，要建造一間這樣的手術室，要價不菲。在臺灣，振興醫院率先引入，之後北中南各區較為大型的醫院也都陸續建置。

「建置這樣一間手術室，應用範圍相當廣泛。」還記得，我將這個想法變成一張張簡報檔案，並在院長室報告時，我的心唯有一個目標，就是成功；「無論是經導管主動脈瓣膜置換、經導管二尖瓣膜修補與置換、複雜性的大血管置換、複雜性的冠狀動脈疾病等等，都能應用，甚至連胸腔外科、神經外科也能受惠。」

當我的雙眼從簡報螢幕轉往大家，我看見了認同的眼神正在空氣中交流。

＊＊＊

舒伯特一生貧窮，成人後的他因為沒有一架屬於自己的鋼琴；因此，當靈感來時，只能到咖啡店或朋友家借彈。我們遠比他幸運得多。

二〇一九年二月，在我們敲掉了一間舊有的手術室以及一間即將汰除的血管攝影室準備改造成高階整合手術室之前，我們參訪了國內其他醫院的高階整合手術室，也到國外取經。動工前，大型跨科部籌備會議不下十次，小型會議加總更有數十次；舉凡護理部的需求、醫生們的需求、體外循環師的需求，我們都一一聆聽、筆記，力求讓這間手術室能讓大家在工作時更輕鬆順利。

每天，我都會到現場；與其說是監工，不如說是在見證希望的孕育。

當手術室即將完成之際，我們希望能在一進大門就看見的那面牆貼上一幅畫，便帶著幾張圖到精舍恭請證嚴上人指點。老人家看了，卻又遞回來給我，問著：「你喜歡哪一張？」

對於上人突如其來的詢問，我沒有太多的驚訝，回答也不困難；因為，自始至終，我都喜歡那一張「佛陀問病圖」。這幅圖也掛在花蓮慈濟醫院大廳，打從醫院開幕的那一天起，就靜靜地凝視過往的人們；那股祥和且寧靜的力量，多少緩解了疾病所帶來的哀傷苦痛。

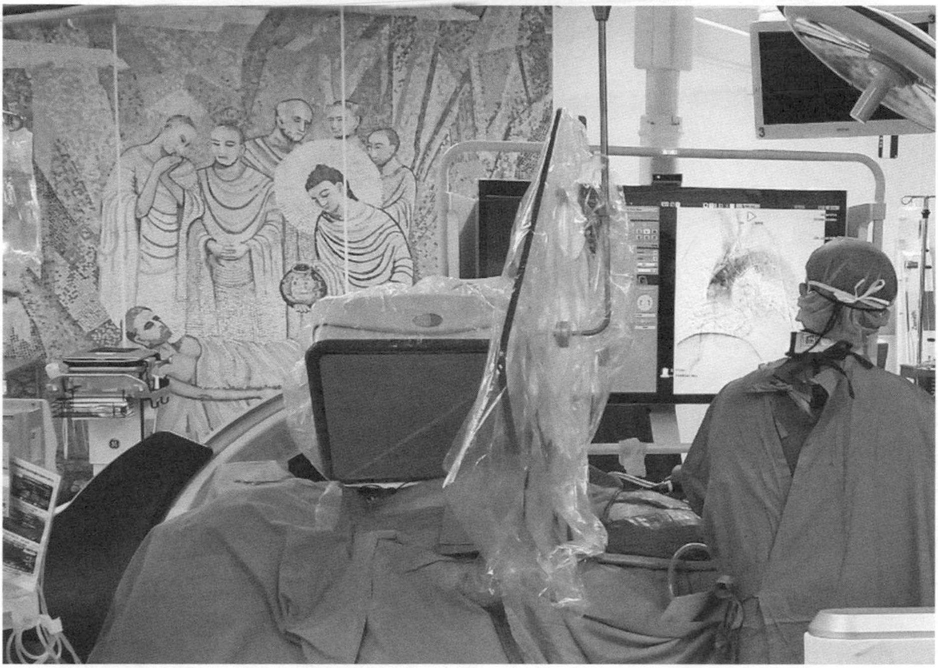

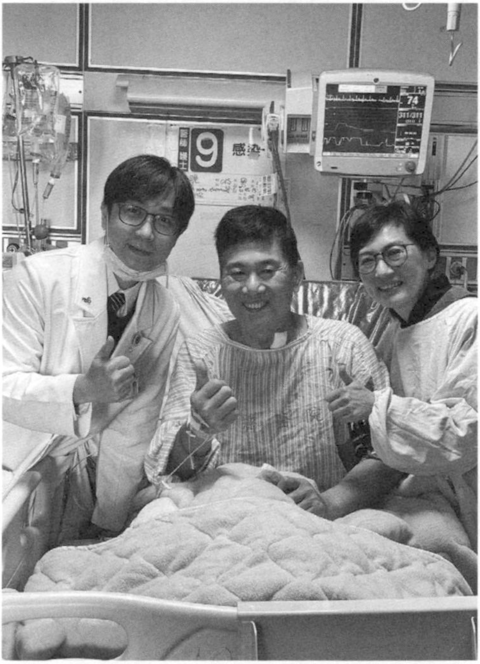

鄭師兄手術過程中，佛陀問病圖照看著一切，讓手術房內流淌著一股無形的力量。（上圖）

術後不久，鄭師兄就恢復了意識，身體狀況也相當良好。（下圖）

「這張圖是我們創院就有的，代表著我們創院的精神。」我告訴上人，這間最新型的手術位在新大樓，就地理位置看來，與最早的大樓分處醫院的兩端；「我希望可以用這張佛陀問病圖來做串聯，代表著：就算我們有最新型的手術室，但我們會永遠記得創院的精神。」

我想，我這次的回答，應該是這輩子在所有面試中最完美的一次。

上人同意了。

如今，當我身著六公斤的鉛衣踏入這間手術室時，入目所及就是這張圖；時時刻刻提醒著我，眼下的此時此刻，我所肩負的重量除了那身鉛衣，還有救人的使命。

躺在手術檯上的鄭師兄正在等著我們；戴上手套，我知道，在這些新穎設備的協助之下，他即將會有一段新的人生，健健康康的。

安可？不好意思，尚未謝幕

小提琴老師先來說幾句話——

「如果可以幫上忙，我願意。」

第一次見到小睿，他才剛要升上大學二年級，是他媽媽先找到我的。他媽媽是音樂老師，小睿從小跟他姊姊都有學音樂，姊姊彈鋼琴、弟弟拉小提琴，姊姊的鋼琴老師曾經跟我一起開過聯合音樂會。當時小睿拉琴遇到很大的瓶頸，而他又偏偏那麼喜歡音樂；小睿的媽媽知道我的能力可以幫上他，因此透過這位鋼琴老師要了我的聯絡方式，打電話來問我能不能當他兒子的小提琴家教老師。

當時正值暑假，樂團沒有演出；我心想，與其在家閒得發慌，就當找個人聊天也好。於是，我們約了一個下午，時間設定一小時。

以前遇到的學生，大多因為敬畏老師而不敢多言，小睿卻很敢問問題，我甚至沒有機會問他：「你還有沒有什麼問題？」

他問，我盡可能地回答，並輔以實際教學。回過頭來想想，當時我也是一股傲氣，心想著：「我可不能被這孩子問倒，不然就有失我身為國家交響樂團成員的顏面了！」

無論是夾琴、左右手的運作，我花了好些時間慢慢替他修正動作，並且慎重地告訴他，琴在我們身上有其標準的操作方式，用對方法才不會受傷，也能讓琴發出更好的聲音。

不過，他說他仍有過不了的瓶頸。

他拿起他那把學生用琴拉起樂曲，然後告訴我，在某幾個音節上，總拉不出完美的音色。

「不是你的問題，是琴的問題。」他那把琴雖然比一般學生用琴好一些，但畢竟不是全方位的作品。我知道，用說的不能讓他深刻理解，於是我出借了我自己的琴給他。

他小心翼翼地將琴放在肩膀上。我告訴他，這可是一九〇六年手工製造的琴；「雖然在整個提琴的市場來講，它只是一把中高等級的琴，不算是主流的作品；但就因為它的作者是威尼斯人，所以非常值得珍藏。」

我說，這是我進樂團第五年買下的；當時手邊的錢不夠，甚至不惜向銀行貸款，只為了要擁有它。

他聽了，除了小心翼翼，看著這把琴時，眼底還有一股敬畏。

那一天他要離開時，我看了看時間，我們足足聊了超過三個鐘頭！

事後他跟我說，他發現時間超過那麼多的時候，心情焦慮恐慌。他笑說：「我真的很怕我會因為付不起學費而離不開你家。」

我沒跟他收三個鐘頭的鐘點費，依約只收了一個鐘頭的費用；畢竟，能遇到一個談得來又好學的學生，也是恩典。

然而，對於他的未來，我們雖不道破，卻都深切明白，他不會走上職業小提琴手之路。一來，他已經是一位醫學生，未來的路可想而知，這份救命的工作是光榮也是殊榮；再者，我們相遇時，他已經十八、十九歲了，這時才要轉換跑道，不可能、也沒有先例。

那一段跟我學琴的時光，我跟他成為朋友，也跟他的家人熱絡來往，聯繫始終不曾中斷。

二〇二〇年七月，他說他想做一件事情，需要我的協助。對於學生提出的請求，能幫上忙的，我一向不吝嗇。例如，有學生到國外拿個演奏文憑回國，要演出時卻怎麼也找不到適合的西裝腰封，我就大方地出借；另一個學生在樂團決定要演出之際，憂愁著沒有一套像樣的燕尾服，我也把我那套給他；甚至還有要找工作的，我也曾幫忙尋找面試機會。

小睿找我時，我正在忙，他很有耐心地等我到八月，待我有空時才找我談：他想在醫院組個樂團，希望我能去當指導老師。

這個請求不小。幾番斟酌，我認為自己能幫得上一些忙，於是很快就答應他；他也在很短的時間內，就召集了十幾名團員。

帶這些醫院的團員，必須要有耐心，也要學會寬心。

對於樂團而言，團練是很重要的事情，國家交響樂團的準則更是嚴格；如果沒有事先請假，一年只要兩次沒到，二話不說，下場就是解聘。以前在帶學生樂團時，只要超過三分之一的人沒到，那堂課我就不想教了，因為那表示下一堂課我還得再把上一堂課的內容重新說過。

可是，要帶醫生樂團，我得堅強忍耐。直至今日，每次團練幾乎都有一半的人沒到，每一次出席團練的人也都不一樣，但我不能生氣；因為，他們沒到，是在值班、在救人。

我接下這個任務的時候，就告訴自己，帶這個團可能同一句話要說十遍以上；事實證明，果不其然。

不過，直至今日，我沒有因此而生氣過；因為，我早早就釐清了小睿想要組樂團的起心動念。他說，在醫院的工作「壓力山大」；成立樂團，是希望同事們有個可以紓解壓力的管道。

如果他們來了，能在過程中獲得壓力的解放與抒發，我的目的就達成了，不是嗎？不過，小睿每次都到；即使他再忙，都會趕上團練的時間。除了有一次，他因為隔天要做醫院健檢所安排的胃鏡、大腸鏡，瀉劑逼得他只能坐在馬桶上來不了。

——我笑他很遜、因為我可以忍住的黃衍繹老師

未完成一——「請問，你可以來我們外科嗎？」

在那張名單中，我既不是最資深，但也不是最菜鳥，只能排名在中庸之位。但最後，曾任臺灣外科醫學會理事長與臺大外科部主任的賴鴻緒教授，卻選上了我。

教授一週有三天從臺北到花蓮，協助花蓮慈濟醫院外科部走上成長之路。

「你的優勢在於你是慈濟醫學系第二屆的畢業生；而且我去打聽過，你刀開得不錯，又有美國的博士學位，現在又是醫務部副主任跟心臟血管外科主任。」他說，在經歷與資歷上我是名單中最符合資格的；「可是，你的缺點在於你太年輕。」

歲月與專業帶給他寬廣的視野，他明白地告訴我，在醫學中心裡，幾乎很難找到才四十歲年紀的部主任，五十歲已經是最低的年齡門檻；「而且，在花蓮慈濟醫院的外科部裡，有一半以上的人都是你的老師；如果我選你當外科部主任，你的年輕會是你最大的致命傷，因為你叫不動人。」

在決定將我的名字填在外科部主任的推薦名單上時，他先與我促膝長談，希望我能理解，接下這個位置，沒有光環，也可能沒有人願意幫我，我得硬著頭皮將責任扛起來，並且獨自往前衝。

「但你放心，我會帶著你一起做。」賴鴻緒教授的眼睛似涵蘊著深邃的智慧，在醫療領域中見識過各式各樣的大風大浪；他的一句話，無疑給了我一顆名為「勇氣」的果實。

二〇一八年七月一日，我接下了外科部主任的重任。比想像中幸運的是，我的老師們成為我最強力的後盾，我的任何決定都獲得他們最無私的全力支持，無論是葉克膜團隊、高階整合手術室的成立等；已屆退休年齡的他們，仍是二話不說就投入其中。

或許我是叫不動人；但在這個環境裡，多的是願意一起並肩作戰的人。

賴鴻緒教授也信守他對我的承諾，至今都仍陪在我身邊，全然奉獻他一生寶貴的經驗，努力地帶著我一起往前走。

他固定搭上每週三中午從臺北前往花蓮的火車，抵達花蓮時都已經下午了。到了晚上的科主任會議，所有外科科室以及加護病房的主任齊聚一堂；他靜靜地聽著，不時給予提點。科主任會議結束，緊接而來還有住院醫師座談；座談結束之後，則是與我個別討論的時間。

充實的會議、座談以及討論，會持續到週五的中午，每週有整整兩天的時間，他都在我們身邊、在我身邊。回到臺北之後，他還有門診、教學，還得兼顧好心肝基金會醫療策略暨外科體系總顧問一職，十分充實忙碌。

教授的衝勁，讓我想起德國巴洛克時期作曲家泰雷曼（Georg Philipp Telemann，1681-1767）。他的作曲產量相當多，只要提起筆來，就可以書寫成曲。據說，他每一個禮拜都會寫兩部清唱劇，每年復活節也都能準時交出一部受難曲，更別提別人請託寫曲、各式慶典樂曲的發表。即使花費許多時間在作曲上，泰雷曼仍把握他的休息時間，指導當地音樂學會、指揮學生樂團、參加歌劇活動。

這樣多產、勤奮且提攜後輩的泰雷曼，連同時期的作曲家巴哈、韓德爾都不及他的名聲響亮呢！

* * *

只是，有些時候，我確實很孤單。

例如現在，眼前這些蒐集來的電話號碼，有的是曾經投履歷來應徵的醫學生，有些是曾親自到我們教學部打聽過的醫學生，我花了好些時間去調閱出這些資料。他們的聯繫方式在我眼前閃著未知的光芒，「未知」的是他們的反應以及有可能的決定——他們會願意到花蓮慈濟醫院當住院醫生嗎？

我一通一通地打，告訴對方我是花蓮慈濟醫院外科部主任；「我想請問你，想不想來我們這裡看一看？」

有時問著，我不免苦笑著想起前些時候皮膚科應徵面試的情景。皮膚科主任可以坐在辦公室裡，一個個點名叫號，外頭少說也有二、三十位身著西裝、套裝，頭髮梳理整齊、或畫著淡妝的應屆畢業生端正地等待著。反觀外科，穿得整整齊齊、打領帶的不是應試者，而是外科部主任。我常得主動出擊，打電話給學生、到各地的醫學院舉辦活動；一切的勞心費力，就為了說出那句：「請問，你可以來我們外科工作嗎？」

陪著、伴著，有些學弟妹們被我的誠心給感動了，脫口說出「這輩子非外科不選」、「絕對會去外科」的人不少；但到了最後一刻，轉而投身內科系或眼科、耳

外科部大合照中成員看似眾多，但我們仍希望能盡力補齊，期待有朝一日更加壯大。

鼻喉科等五官科的人也不計其數。

我並不怪他們。

有這麼一說：「內、外、婦、兒，四大皆空。」意指這四大科鬧人才荒，像當年的我那般自投羅網的人，如今幾乎是少得可憐。

窘境現前，有些人會被一擊倒地，有些人卻會因此被激發新的人生想像，多產的泰雷曼便屬後者。在被好賭的太太敗光家產之後，他開始「行銷」音樂。當時印刷事業才剛起步，泰雷曼就掌握這個機會，將自己的作品印刷出版，甚至還採預購的方式，一時之間果真造成了轟動。另一方面，他也創立音樂雜誌，並將原本只能在教堂演出的歌劇、音樂會搬到市井小民的面前，成為開創在一般劇院舞臺演出歌劇與音樂會的先驅。

泰雷曼果真成功了，也讓他成為當代最知名也最受歡迎的作曲家。

我希望自己也能效仿泰雷曼，讓外科成為人人搶破頭的科別。但我心知肚明，環境若不提升，外科招募人才的勢弱情況就不會改善。

於是我們開始多方下手，缺編補滿是第一步。例如，將病房專科護理師從原有不到二十位的人力，增編至三十位；而手術室部分，除了提供手術室的專責護理師更完整的專業訓練，也將人力盡量補足。如此一來，不僅能加強整體照顧與救命能量，也能讓住院醫師不再只是人力，才能無後顧之憂地奮力學習。

回想起從前，趙盛豐老師與張比嵩老師害怕不能符合我的期待，因此一度想著要將我送往外院訓練，我如今能深刻體會他們當年心中的誠惶誠恐。我努力創造出良好的訓練環境，就是擔憂這些苦心招募來的住院醫師會覺得環境不如預期、訓練不似所想，甚至認為我根本就是個詐騙行銷業務。

看著皮膚科面試的盛況，我多希望也能有一天能像皮膚科主任那樣，一一唱名、挑剔地選出符合所想的人選。

如果有那麼一天可以享受這樣的奢侈，我想嘗試在這群面試者前擺上一盤混雜著紅豆與綠豆的盤子，再發給每人一雙筷子，開懷地朗聲告訴他們面試規則：「看誰比較快把紅豆與綠豆分開，由此證明手巧，適合進外科，你就錄取了！」

我只能從想像中獲得樂趣。雖然現實中仍得苦苦蹲伏，但我仍在心裡種下繽紛花朵；盼著有一天，心裡的花房能成為一座美麗花園，迎來撲鼻花香。

未完成二——再訪恩師

有時候，我會想起那對年邁的姊弟；他們給我的勇氣，至今仍隨著心臟的跳動不斷地輸送著養分。

「張醫師，你今天有一個指定會診。」時隔許久，雖然早已經忘了是誰告知我這個訊息，但當時的震驚依舊恍若昨日。

「指定我？你搞錯了吧！病人要指定的張醫師應該是張比嵩醫師。」那一年，我才剛結束住院醫師的訓練，是當上主治醫師第一年，既沒有名氣也沒有聲望，怎麼可能會有病人要指定我會診？

「沒有搞錯，家屬堅持要你去看，張睿智醫師。」

傳話的人笑著轉身離去，獨留我還在當地喃喃自語：「不可能，怎麼可能會指定我？」

在半信半疑之下，我還是去了。

「請問你是張睿智醫師嗎？」家屬一見我點頭，露出滿面歡喜；「你還記不記得上個月底，你幫一位八十歲的老太太做繞道手術？」

才半個月前的記憶並不難追溯，我當然記得她。她剛被送到醫院的時候，原本以為只要做心導管就可以了；但心臟內科醫師發現，她的血管阻塞嚴重，已經無法再用心導管的方式疏通了。

因此，她被送到我的面前，由我執刀，以不暫停心跳的方式幫她做繞道手術，前後總計接了四條血管。老太太年紀雖然年長，而且手術前心臟功能並不好，但每接通一條血管，她的心臟就以鼓舞人心的方式愈跳愈賣力。

她過關了，恢復狀況相當好，住院沒多久就順利出院了。

之所以由我來替她開刀，原因很簡單，因為我是當天的值班醫生，沒有指定、沒有預約，就只是剛好輪到我。

家屬聽到我說記得，指著躺在病床上的老先生，語氣加速地對我說：「他就是那位老太太的弟弟，一樣的病症，希望你可以幫幫忙。」

我當然是義不容辭，手術很快就排定，同樣以不停跳的方式執行繞道手術；之後，七十多歲的老先生也順利過關，並在家人的笑顏包圍下，歡喜出院。

這對姊弟或許想不到，他們的指定與介紹，帶給我的信心如此巨大。

我想，我真的能成為一個醫生，一個會開刀的醫生。

每當回憶至此，我腦中就會浮現另一個人的身影；他不只給我信心、勇氣，我今天能夠成為一位醫師，也是因為有他——李明亮校長。

如果李明亮校長是同為許多古典音樂家所敬仰的貝多芬，我或許就是那個在《D小調第九號交響曲「合唱」》發表首演時，坐在臺下癡癡望著貝多芬入迷的舒伯特。

舒伯特雖然創作豐富，有「歌曲之王」的美稱，但人生坎坷；不僅交友不慎，際遇也不佳，運氣更如一灘死水。例如，他所寫的歌謠《埃爾王》，在發表後受到熱烈歡迎，舒伯特卻以極其低廉的價格將版權賣給出版商；眼見出版商口袋豐收，自己卻依然兩袖清風。諸如此類的不幸，讓這位歌曲之王始終與貧窮形影不離。

然而，他的心卻沒有被貧窮擊倒，因為他崇拜的貝多芬看見了他。

「我想，舒伯特真正的生活，應該是散發著神聖的火花吧！否則怎麼能寫得出這些美妙的作品呢？」貝多芬的讚賞，讓舒伯特欣喜若狂。當年李明亮校長挑選我入學時，我的心情大概也相去不遠。

已經好多年未見校長了，不知道校長是否安好；偶爾透過醫界前輩聽到的訊息，也都是斷斷續續的。二〇二〇年中秋佳節之前，我鼓起勇氣寫信給校長；雖然我不知道很久之前他留給我的電子信箱是否還在使用，但這是我唯一能與他聯繫的管道。

信，是這麼寫的——

敬愛的李明亮校長：

記得在讀大學的時候您說過，希望在慈濟大學一百年校慶之前，我們能夠演奏貝多芬的《D小調第九號交響曲》，前些日子在您的自傳《輕舟已過萬重山》中，也讀到一樣的話。您轉調到衛生署擔任署長之前曾跟我說：「小睿，未來樂團就交給你了。」於是，我在二〇〇八年前往美國之前，都謹記著您的吩咐，努力幫助慈大弦樂團。

然而，二〇一三年十月取得杜克大學實驗病理學博士回臺後，一直忙於臨床、教學以及研究，近幾年來又開始學習包含心臟外科主任以及外科部主任等行政工作；除了自己練琴以外，我幾乎已經忘記您在乎的這件事了。

最近，我因為工作關係，身心俱疲，靈機一動——為什麼不找另一件重要的事來讓自己「分心」？

於是，我想到了，我要成立樂團！

在杜克大學的時候，我也正好加入他們二〇一〇年剛成立的Duke Medicine Orchestra，並在其中擔任First violin。我相信，Duke可以，我們也可以。因此，我最近找來了以前慈濟的畢業生、目前在醫院工作的同事一起討論。九月，我們開始了每個月兩次的練習。除了醫院，我們也邀請大學的學生與faculty（教職員）參加。

目前的指導老師，是在國家交響樂團擔任小提琴演奏家的黃衍繹老師。他承諾，如果我們未來要演出，他會幫我們尋找專業的指揮。

在這封信的最後，我誠摯地向他表示我的想念以及我對他的感謝；我告訴他，

黃衍繹老師耐心地指導醫院弦樂團，協助大家能在音樂中解放工作上的壓力。

如果沒有他，今日我不可能當上醫生。

我不抱任何他會回信的希望，甚至也不知道他是否還在使用這個久遠之前曾留給我的電子信箱；因此在收到他的回信時，真可說是欣喜若狂。

他的信就像一首輕快的小步舞曲，每一個提點都適切到位——

小睿：

很高興也很感動收到你的來信。也使我想起多年前在慈濟的點點滴滴……是的，我講過，希望一百週年校慶時，慈大能有一個完整的樂團可以演奏貝九。我說一百週年，是因為這是一件不簡單的大事；更大的希望，是期待你們對音樂的熱愛會長久維持下去。所以，也可以說我找對人了。

你的專業發展也使我非常欣慰。你知道我的住院醫師是半世紀前在 Duke 做的嗎？我已變成要靠拐杖走路的白髮老人了。真的，靠你們少年的了！

又，二年前我出了一本書——《彈珠臺的一顆小鋼珠——給醫學生與年輕醫師的十封信》。寫得有一點深，但你一定看得懂。

Stay healthy and happy!

明亮

看著校長的回信，淚水不知不覺間已濕潤臉頰，但我不在意，只想要趕緊回信；信中我表示，希望能親自北上拜訪。校長很快就回信，和藹地同意我的請求。一進到他家，見到他與師母，雖然歲月在他們身上畫下痕跡，但他們夫妻倆一如當年，待我們就像他的孩子。

我告訴他，我在醫院新成立的樂團成員，有幾位也曾是以前半調子樂團的成員，還有不少人是我們的學生、學弟妹。我笑著告訴他，團練可不簡單；「我們有十幾個人，但大家忙，團練永遠都湊不齊所有人，每次來的人都不一樣。」

有人曾問我，為什麼我不成立羽球社。當然是不行的！我自知已不再是當年那個體力充沛的年輕小伙子，我總笑回：「現在打兩下我的手就痛了；今天打完，隔天早上手還會抖。手一直抖，我怎麼動手術？縫都縫不準。」

校長聽我說話的時候，臉上的表情始終都是笑。

在醫學之路上，他走過了大半個世紀。在滿頭華髮的時候，仍提起筆，一字一句地用科學的分析告訴我們這群年輕醫師為什麼要努力進取。那場輕鬆自在的會面之後，李明亮校長親手將他信上所說的那本書交到我的手中。

將書遞給我的時候，他的神情認真嚴肅：「這本書我的用字很精準，是我非常努力寫出來的，你不能把它當故事讀，要非常認真，雖然不太容易讀。」

回家，我用了數個夜晚將自己埋入書中的文字裡，確實艱澀。

他在書的前言如此提及：「臺灣的醫學生就是一個個的小鋼珠，每個人的天分都差不多，每個人都攻進來醫學院，每個小鋼珠都被彈出去（放入醫學系）；彈出去之後，就在那一堆層層阻礙的鋼珠彈路上，自由落體般，隨機滾動，終於掉到下面許多洞口中的一個。大部分的小鋼珠都被吃掉，平平凡凡地過了一生，像一個 Pachinko 的子彈。」

他說，他也曾是其中一個小鋼珠，只是運氣好些，掉到一個還算不錯的洞裡，沒有完全被吃掉，一生也有些成就。

讀著、看著，我想像著自己的未來，是否也能如他自己為自己所留下的評價：

二〇二〇年中秋節偕妻前往臺北拜訪恩師李明亮校長及廖雅慧老師。

一生無悔？

我知道，那會是一條漫漫長路。感激的是，在這條路上，始終有巨人引領我向前，包括李明亮校長、趙盛豐老師、張比嵩老師、賴鴻緒教授；以及在我學習達文西的過程中，臺大醫院心臟外科紀乃新教授以及童綜合副院長鄭伯智醫師，他們倆人不辭路遙地到花蓮慈濟醫院的手術房內，手把手地將他們鑽研多年的經驗無私傳授予我。畢竟，在模擬器上的操作沒有人命關天的問題，但實際應用在病人身上，還得仰賴專業帶領幾回。

此外，在經皮導管主動脈瓣膜置放（TAVI）手術初期，臺北榮總張效煌教授、陳嬰華教授，以及振興醫院的李永在教授也多次南下指導，帶著心臟內外科團隊學習精準定位，讓瓣膜放在最佳的位置，將多年所累積的經驗傳承給我們。

這些無私的助力，化身為肥沃土壤，成為滋養我的養分。時常，我看著現在的自己，就會想起高中那個鬱鬱不得志、幾乎放棄前程的張睿智，問著：「如果連我、這個當初可能考不上大學的張睿智都能做得到的事情，其他人也一定可以！」

我深知，比我更優秀的醫師猶如過江之鯽，他們或許只是缺乏貴人，也或許……幾乎是在一閉眼的剎那，康爺爺那張我曾在無數日夜都面對著的臉孔浮現在前，我曾在他身上用銳利的手術刀一刀又一刀地劃下，還曾鋸開過他的骨頭，打破他想把骨頭捐出來的美夢；也因為他，我得以有機會成為一名醫師。日後，還有其他的康爺爺們，同以「大體老師」為名的他們，躺在模擬手術檯上，無私地供我訓練微創手術的技巧。

再睜開眼，我知道該是將自己所收到的饋贈再分享出去的時候了。

已經有五年的時間，花蓮慈濟醫院、慈濟大學以及胸腔及心臟血管外科醫學會每年皆聯袂合作，進行三天的大體模擬手術。這三天裡，分別由不同醫院的資深醫師在大體老師身上進行教學，指導年輕醫師進行諸多微創手術的技巧。

當年，在慈大解剖課程後，我們站在康阿姨一家人身邊，以家屬的身分送康爺爺走完人生最後的儀式，隨後舉辦了一場追思會，以感謝慎重道別。如此的人文與感恩之美，同樣也在大體模擬手術的最後具體呈現。許多學員分享，課程中，他們的收穫是專業；課程後，他們豐收的是心靈。

我的醫師生涯猶如一場音樂會，才剛結束上半場總計四個樂章的交響曲；指揮棒還會再落下，下半場要演出的協奏曲即將開始。雖然距離謝幕還很遙遠，但我深信，幸福仍會在我身邊持續守護。

國家圖書館出版品預行編目資料

拉動命運的心弦：心臟外科醫養成記 / 張睿智主述；凃心怡撰文. -- 初版
臺北市：經典雜誌，慈濟傳播人文志業基金會，2021.07
384面；15×21公分
ISBN 978-986-06556-5-0(精裝)
1.張睿智 2.醫師 3.訪談 4.臺灣
783.3886 110010728

拉動命運的心弦——心臟外科醫養成記

創 辦 者：釋證嚴
發 行 者：王端正
平面總監：王志宏
主　　述：張睿智
撰　　文：凃心怡
美術指導：邱宇陞
責任編輯：賴志銘
出 版 者：經典雜誌
慈濟傳播人文志業基金會
11259臺北市北投區立德路2號
客服專線：02-28989898
傳真專線：02-28989993
郵政劃撥：19924552　經典雜誌
排　　版：尚璟設計整合行銷有限公司
印 製 者：禹利電子分色有限公司
經 銷 商：聯合發行股份有限公司
新北市新店區寶橋路235巷6弄6號2樓
電　　話：02-29178022
出 版 日：2021年8月初版1刷
2021年10月初版4刷
定　　價：400 元